阅

阅读成就思想……

Read to Achieve

人单合一

量子管理之道

[英] 丹娜·左哈尔（Danah Zohar）◎ 著

纪文凯 ◎ 译

ZERO DISTANCE

A New Paradigm for Living, Working, and Leading in the Quantum Age

中国人民大学出版社

· 北京 ·

图书在版编目（CIP）数据

人单合一：量子管理之道 /（英）丹娜·左哈尔（Danah Zohar）著；纪文凯译. -- 北京：中国人民大学出版社，2021.10
ISBN 978-7-300-29842-9

Ⅰ. ①人… Ⅱ. ①丹… ②纪… Ⅲ. ①企业管理 Ⅳ. ①F272

中国版本图书馆CIP数据核字(2021)第178226号

人单合一：量子管理之道

［英］丹娜·左哈尔（Danah Zohar）著

纪文凯 译

Rendanheyi: Liangzi Guanli Zhi Dao

出版发行	中国人民大学出版社		
社　　址	北京中关村大街 31 号	**邮政编码**	100080
电　　话	010-62511242（总编室）		010-62511770（质管部）
	010-82501766（邮购部）		010-62514148（门市部）
	010-62515195（发行公司）		010-62515275（盗版举报）
网　　址	http://www.crup.com.cn		
经　　销	新华书店		
印　　刷	北京联兴盛业印刷股份有限公司		
规　　格	155mm×230mm　16 开本	**版　　次**	2021 年 10 月第 1 版
印　　张	17　插页 2	**印　　次**	2025 年 12 月第 6 次印刷
字　　数	200 000	**定　　价**	75.00 元

于“量子”中寻求希望

陈劲　清华大学经济管理学院教授

当我发现“量子理论”展现出的广阔内涵时，我感到十分欣慰，因为它为我们提供了一条更好的组织创新之路。长期以来，无论是大企业还是小企业，都受制于传统的、静态的、线性的管理思想和方法，这正是组织难以创新的原因之一。

从“距离”到“零距离”

自弗雷德里克·泰勒（Frederick Taylor）时代开始，层级结构使得公司员工之间始终保持着一定的距离。阶层分化、标准化、专业化、规范化已经成为管理学的正统观念。从泰勒主义到工业 4.0，现代管理理论的基础是从 17 世纪牛顿物理学的理念和原则中获得灵感的。彼得·德鲁克站在社会学立场上的尝试并没有改变标准化的趋势。相比之下，丹娜·左哈尔教授的量子管理理论扎根于新科学，尤其是量子物理学和复杂性理论。其中，复杂性理论描述了复杂适应系统（Complex Adaptive Systems，CADs），其定义原则是所有活性系统，包括经济、城市等人类社会系统都具有自组织的动态原则。复杂适应系统是一种活性量子系统，左哈尔教授认为遵循量子管理原则的公司会进化成复杂适应系统。复杂适应系统是整体性的，通过其构成要素之间以及要素与环境之间的共创性对话，不断进化并重新定义自己。像复杂适应系统一样运作的公司能够打破科层制结构，实现人与人之间的零距离，鼓励共创共享、合作共赢，不断创新。因此，我们可以称丹娜·左哈尔教授为后德鲁克时代的管理大师。

道在其心

《人单合一》是左哈尔教授毕生探究量子物理是如何影响日常生活的集大成之作。本书全面整合了左哈尔教授在量子管理理论等方面的诸多重要成果，如量子自我 / 员工、量子领导者、量子组织、量子社会、量子全球秩序等。借助量子哲学，左哈尔教授重新定义了“我们是谁”“我们又如何变成更好的自己”，她将人类从旧的范式中解放出来，为我们提供了一种全新的思维模式。同时，本书也详尽阐述了量子世界观的内涵和意义。

《人单合一》不只是一本管理学书籍，更是一次联结东西方智慧的大胆创新，本书在这一点上完成得十分出色。

杜维明教授指出：“现代化本身就是各种文化形式的预设，而形式植根于各种文化传统之中。”左哈尔教授意识到如今的西方社会已经无法凭借其特有的牛顿式思维解决 21 世纪存在的诸多问题，如气候变化、大规模移民、粮食资源和水资源短缺、核威胁以及欧美国家民粹主义政治动荡下的身份认同等，她深入探讨了中国能够做得更好的原因。左哈尔教授认为，当今世界之所以面临“中国日益崛起，西方日渐式微”的局势，是因为中国人本身就具备一种契合时代的量子思维。她甚至提出，量子管理即为“中国式管理”。

中国思维与量子思维的确有许多相似之处，其本身具备丰富的创新驱动要素，能够帮助我们找寻正确的方向，更好地服务于未来。庄子有言："天地与我并生，而万物与我为一。"《礼记》有言："圣人耐以天下为一家。"北宋新儒学家张载提出了"民，吾同胞；物，吾与也"的人生哲学。另一位北宋新儒学家程颢认为："仁者，以天地万物为一体。"

如此看来，左哈尔教授的量子管理理论的确与中国大有渊源。量子管理就如同我们每餐所吃的米饭，它的理念与中国传统的天人合一、身心合一、人我合一思想高度契合。此外，中国新型的国家管理体系也完美地体现了量子管理的"整体论"。

人单合一：东西方再次相遇

本书重点关注左哈尔教授量子管理理论的实际应用——海尔人单合一管理模式，该模式由海尔 CEO 张瑞敏设想并实施。左哈尔教授以他的管理模式的灵感来源为指引，从理论上详尽地阐述了道家哲学思想、系统论与量子哲学之间的关系，准确地解释了人单合一的起源。加里·哈默尔（Gary Hamel）教授认为，人单合一正是"人本主义"取代大型公司科层制的杰出典范，左哈尔教授也将人单合一模式视为量子管理原则的生动实践。张瑞敏先生曾在 2014 年邀请左哈尔教授前往青岛海尔总部，两人在对众多问题的看法上不谋而合。

青岛素有"中国啤酒之都"的美誉，其历史可以追溯到 1903 年日耳曼啤酒公司青岛股份公司的成立，它将德国的酿造技术和崂山当地的泉水相结合，生产出了举世闻名的青岛啤酒。一个多世纪后的今天，这座城市又孕育出了新的事物——海尔的人单合一模式，这是丹娜·左哈尔教授的量子管理理论和张瑞敏先生长期钻研的道家哲学思想结合的产物。

人单合一成果显著，使海尔年营业收入突破了 380 亿美元，发展势头十分迅猛。在过去几十年里，其营业收入的年增长率达到了 20%，核心家电业务的毛利年增长率突破了 22%。

地球仍是平的

然而，量子管理理论和人单合一模式影响的远远不止海尔本身，本书还详尽阐述了诸多行业领先组织的案例，如罗氏印度、美国通用电气家电等。加里·哈默尔教授在他的《人本主义》（*Humanocracy*）一书中也介绍了纽柯钢铁、晨星、米其林、博祖克等先驱企业。

世界是一个万物互联的小型地球村，不应有东西方之分。托马斯·弗里德曼（Thomas Friedman）说道，新冠肺炎疫情将世界再次划分为两个时代：新冠前时代与新冠后时代。在后疫情时代，我们更应认识到地球实际上是一个宏大的人类命运共同体。

丹娜·左哈尔教授的量子管理可以帮助我们构建一个更加美好的世界，让我们能够更好地生活、工作、爱与传承。

代 序

论物联网时代的管理模式创新

张瑞敏　海尔集团董事局主席、首席执行官

经济学领域有许多研究课题，其中一个重要课题就是研究如何创造财富与分享财富。现在的企业还做不到将二者合一，但海尔的“人单合一”模式正在实现这一点的突破。所谓“人单合一”，“人”就是员工，“单”不是订单，而是用户。“合一”就是员工和用户融为一体，把员工创造的价值体现在用户的价值上，把员工创造的价值和分享的价值合一。

“人单合一”模式是引领物联网时代的管理模式。工业时代，中国企业都在学习西方的管理模式。到物联网时代，大家都在探索新的管理模式，海尔希望开辟一条物联网时代的管理新路径。

有很多形象的案例可以说明开辟新道路的重要性。美国人迪克·福斯贝里发明了背越式跳高。1968 年，在墨西哥举办的奥运会上，他第一次采用了这种姿势。当时，同台竞赛的选手都采用俯卧式，因为没有人见过这种跳高方式。他每跳一次，全场观众就大笑一次，直到他赢了所有的对手。最后，他以 2.24 米的成绩，打破了当时的奥运会纪录，全场起立，长时间地为他鼓掌。他创造了历史，也彻底改写了跳高这项运动。

丹娜·左哈尔教授也是一位敢于开辟新道路的思想家。她将量子理论与管理学相融合，打开了我们看世界、看管理的新方式。《人单合一：量子管理之道》这本书又为个人、企业，乃至社会提供了一种新型实用的组织模型。21 世纪是量子管理的时代。人单合一立足海尔实践，汲取传统文化精髓，追随时代变迁，形成了一套落地量子管理理念的体系。左哈尔教授曾多次表达，人单合一模式首次证实了量子管理理论在实际商业模式中具有可行性。

过去，中国企业曾学习和模仿西方企业和西方管理模式。中国企业为什么要永远模仿西方企业和西方管理模式？中国企业为什么不能创造一种模式，从而引领世界？就像马克思在《资本论》序言中说的："走你的路，让人们去说吧！"

海尔有句话："没有成功的企业，只有时代的企业。"所有企业都喜欢说自己要怎么成功，但任何一个企业都不应该说自己成功了。因为所谓的成功，只不过是踏准了时代的节拍，但企业不可能永远踏准时代的节拍，连世界 500 强企业的寿命都变得越来越短了。对于企业而言，最重要的是抓住时代脉搏，适应时代发展。

关于这一点，最有说服力的案例是柯达。柯达击败了所有对手，成为胶卷行业的霸主，却输给了数码时代。柯达并不是没有研究数码技术，早在 1975 年，柯达就做出了第一台数码相机的原型，虽然那台相机只有 1 万像素。但后来，柯达没有踏准时代的节拍，尽管为研发投入了很多资金，但依然错过了数码时代。柯达破产重组时，仅数码相关的专利就卖了 11.75 亿美元。可以说，柯达不是败给了对手，而是败给了时代。

英特尔前总裁安迪·格鲁夫认为企业需要“卡珊德拉”[①]。但实际上，企业不能寄希望于有预言能力的人，而是要靠那些真正与用户零距离的人。

美国管理学家西蒙·西涅克提出的黄金圈法则有三个同心圆，最里面一个圆是“为什么”（方向），第二个圆是“怎么做”（路径），第三个圆是“是什么”（目标）。达成目标之后，再问“为什么”，如此循环往复。

为什么海尔要颠覆传统的管理范式？因为传统的管理范式必死无疑。海尔怎么实现颠覆？这取决于它正在探索的“一卡一表一品牌”。海尔最后的目标是成为物联网时代的引领者。

为什么要颠覆传统的管理范式

传统的管理范式已经失灵，这主要体现在四个方面：1. 古典管理理论已经不适应时代发展了；2. 古典管理理论衍生出的经典管理模式也已经不适应时代发展了；3. 古典管理理论下的企业宗旨是错误的；4. 传统的管理范式表现出的结果是传统品牌，而传统品牌也不适应时代要求了。

1. 对古典管理理论的颠覆

古典管理理论有三位先驱奠定了当今企业遵循的管理理论基础。第一位先驱是“科学管理之父”弗雷德里克·泰勒。泰勒 1911 年出版的《科学管理原理》颠覆了小作坊模式。更早的时候，亚当·斯密在《国富论》第一篇就讲了“分工”，认为分工生产比一个人的生产效率高几

---

① 卡珊德拉是古希腊神话中的预言家，能够准确预言很多事情，包括王国的覆灭。

千倍。第二位先驱是“组织理论之父”马克斯·韦伯，他提出了“科层制组织”的概念，也称为官僚制。第三位先驱是“管理理论之父”亨利·法约尔，他提出了一般管理理论，主要研究企业各部门如何工作。

在泰勒理论的基础上形成了高效的大规模制造，但现在用户的需求高度个性化，科学管理的大规模制造必须变成个性化需求的大规模定制。而科层制也要变成去中心化的分布式网络组织。过去，商业世界信息不对称，企业领导人知道的信息比别人多。现在，信息对称了，领导人获得信息可能只比别人快一些而已。

法约尔提出的一般管理理论主要针对单边市场的线性管理。但2014年诺贝尔经济学奖获得者法国人让·梯诺提出了“双边市场”（甚至是“多边市场”）的概念，企业那么多的部门，也就没有存在的必要了。如海尔集团去掉了大约12 000名中层管理者，他们要么变成了自主创业的创客，要么选择了离开。

2. 对经典管理模式的颠覆

工业革命以来，有两个经典管理模式被全球企业广泛学习，第一个是福特模式，第二个是丰田模式。福特模式的核心是高效的大规模制造，丰田模式的核心是持续改善的零缺陷。福特通过流水线生产降低了成本，将一辆汽车的价格从最高时的2300多美元，降到360美元，让每个美国家庭都可以买得起。而丰田的及时生产（JIT）模式不但生产得快，而且生产得好。

这两种模式都已经不再适应物联网时代了。美国战略学者威廉·马勒克曾提出过跟海尔“人单合一”模式类似的管理理念，但在斯坦福大学遭到了教授们的质疑，他们认为这种理念太不可思议了。马勒克看到海尔集团的实践时，感到异常兴奋，因为这证明他的理论是对的，他认为海尔是组织模式变革的基准。

传统的组织认为员工是工具，而海尔的员工是创造价值的主体。传统的企业没有用户，只有顾客，产品卖出去，交易就结束了。而海尔集团的顾客是用户，产品卖出去不是结束，而是开始，通过产品的迭代，海尔不断和用户交互着。

全球 50 大管理思想家之一的莉兹·怀斯曼认为丰田是零缺陷的代表，而海尔是零距离的代表。丰田从产品角度来说是零缺陷，但产品变成网器以后，就只是网络的节点，作为物理角度的产品不再是最重要的了。这时候，用户要求的不只是产品本身，还有产品背后的网络。

3. 对传统企业宗旨的颠覆

西方资本主义企业宗旨的指导思想，可从诺贝尔奖获得者米尔顿·弗里德曼 1970 年发表在《纽约时报》的一篇文章窥见一斑。这篇名叫《企业的社会责任是增加利润》的文章指出，企业的责任是赚钱，企业的目标就是股东第一，实现股东价值最大化，为此需追求企业长期利润的最大化。现在看来，这是不对的。2018 年，美国举行了一个圆桌会议，200 多家大企业的 CEO 发表联合宣言，要追求利益相关者的各方利益最大化。但这还不够，更重要的是如何发挥员工和用户的价值。

战略管理大师加里·哈默出版了一本畅销书《人本共治：创建共赢组织》，其中有相当的篇幅在讲述海尔的案例。哈默反对科层制，认为全世界为解决科层制问题发明了很多模式，都是治标不治本，因为没有改变组织的基因。就像一栋楼盖得有问题，仅仅修缮房间没用，必须重建这栋楼才行。

海尔自 1984 年开始创业，每七年进入一个新的战略阶段，现在已经进入第六个战略发展阶段，贯穿其中的宗旨是“人的价值最大化”。

1985 年，海尔“砸冰箱”。实际上，砸冰箱只是表面现象，本质是要砸掉每个人脑海中认为“我们不可能做出好产品”的意识，让每个人都实现全面质量管理。全面质量管理由美国人戴明发明，但在美国没有普及，在日本得到了发展。因为美国文化推崇个人主义，而日本文化崇尚集体主义。全面质量管理的精髓就是下一道工序是用户，但美国的工人只管干自己的，不管别人。

1999 年，海尔出口创牌。海尔是最早到美国设厂的中国企业，当时有媒体质疑海尔，说到了美国肯定一败涂地。但海尔的观念和别人不一样，别人是出口创汇，海尔是出口创牌，要和当地文化、用户连在一起。

2012 年，海尔收购了日本三洋家电，当时三洋家电已经亏损八年。美国人鲁思·本尼迪克特写过一本关于日本文化的畅销书《菊与刀》，指出日本民族有两种极端性。日本企业曾用年功序列制创造出了经济奇迹，但在物联网时代，年功序列制成了一个致命问题，让组织变得非常僵化。海尔收购三洋家电后，将“人单合一”模式落地，刚开始的时候也遭到过工会的反对，但后来他们慢慢接受了。

最典型的例子是，普通业务员早川三智子在原部长还在岗的情况下，抢单物流部长，淘汰了原部长。这在日本是不可思议的，而且女士当部长更是不可思议。日本文化是必须等原部长退休，继任者才能上位，一般不到 50 岁，不太可能当上部长。

国际并购案例中失败的比例是 70%，因文化导致失败的比例又占 70%。海尔兼并了很多企业，如美国 GEA、新西兰斐雪派克、日本三洋、意大利 Candy 等，这些并购基本上是成功的，因为海尔秉持沙拉式文化。沙拉中有各种蔬菜，每一种蔬菜代表一个国家、一个企业、一种文化，但沙拉酱是一样的，这就是“人单合一”。全世界各个国家各个民族都能接受“人单合一”模式，因为它体现了每个人的尊严。美国人引以为傲的是《独立宣言》里的“人人生而平等”，但美国企业没有真正做到这一点，而“人单合一”模式真正让每个人都发挥了价值。

4. 对传统产品品牌的颠覆

传统品牌以产品为主。经济学家罗伯特·戈登在《美国增长的起落》一书里引用了大量数据，得出了一个结论：“第三次工业革命的全要素平均增长率只有第二次工业革命的 1/3。”原因在于，第二次工业革命的电气化过程中有很多发明，如家用电器、飞机、高速公路等，每项发明都带动了全球经济持续、大范围的增长，而第三次工业革命没有带来这么多发明。

数字时代三大思想家之一乔治·吉尔德说：“所有的变化都集中在一个划时代的事件——物质的颠覆上。”所谓“物质的颠覆”，指靠微芯片、传感器等实现万物互联，不再是产品时代的品牌，而是物联网时代的品牌。海尔的探索是：“产品会被场景替代，行业将被生态覆盖。”

眼下所有网红直播都少不了一句话：“全网最低价。”但用户要的不是产品，而是场景。如智慧家庭，用户要的不是一个个产品，而是一个个产品组成的场景。这就如同一个人买了名牌西装、名牌衬衣、名牌领带、名牌皮鞋，彼此不搭也不行。将服饰协调搭配，与人的气质相配，这就是“产品会被场景替代”。

《体验经济》一书的作者约瑟夫·派恩说：“产品是有形的，服务是无形的，而体验是让人难忘的。”以产品经济为主的是产品品牌，竞争非常激烈，已经是“红海”了。以服务经济为主的是“平台品牌”（如互联网平台品牌），现在还有一些机会，算是“蓝海”。以体验经济为主的是“生态品牌”，一定是“黑海”。“黑海”是生态，很难被模仿甚至无法被模仿。

1993 年，美国经济学家詹姆斯·穆尔提出了商业生态系统概念，认为生态有三个特征：轻；不可模仿；放大性。所谓“轻”，就像亚马孙热带雨林，不需要种树，植物自会生长；所谓“不可模仿”，可以模仿创建一个花园，但不可能模仿创建一个生态；所谓“放大性”，生态生生不息，可以产生新物种，而花园不可能产生新物种。

黑格尔哲学最重要的理念是“反思”，而且是从“在他物中反思”回到“自我反思”。“自我反思”就是研究自己的问题。做企业最怕自满，海尔 30 多年的发展历程，经历了三次“砸”，每一次“砸”都在自我颠覆。

第一次是“砸冰箱”，深刻反思出“高质量的产品是高素质的人干出来的”。为什么我们干不出高质量的产品？因为我们的素质不高。为什么我们的素质不高？因为我们不想提高。砸冰箱砸出了一个第一：1988 年，海尔获得了中国电冰箱史上第一块质量金牌。

第二次是“砸组织”，砸出了全球首个物联网管理模式。之前海尔一直学习国外的经典管理模式，也正是以此发展起来了。但 2005 年，海尔提出了“人单合一”模式，后来企业变成了 4000 多个小微，变成了网络组织。

第三次是“砸标签”，海尔已经连续 12 年蝉联全球白电第一品牌。接下来，不只是维护这一品牌，而是要进行升级。如同“砸冰箱”不是不要冰箱，而是要更好的冰箱，“砸标签”是要从家电品牌升级成生态品牌。

如何实现颠覆："人单合一"模式的可操作性、可复制体系

如何实现颠覆，取决于正在探索的"一卡一表一品牌"。"一卡"是"人单合一计分卡"，"一表"是"共赢增值表"，"一品牌"是"生态品牌"。三个工具构成了"人单合一"模式的可复制、可操作体系。

"人单合一"追求的目标是生态品牌。全世界的品牌分为两类，一类是传统产品品牌，如阿迪达斯、耐克，一类是电商品牌，如淘宝等。海尔是 BrandZ 全球品牌价值百强榜中唯一一个生态品牌，也是唯一连续两年入选的生态品牌。

生态品牌价值评估的财务工具是共赢增值表。传统企业一般采用资产负债表、现金流量表、损益表三张表。但美国管理会计师协会认为，海尔的共赢增值表是物联网时代的财务工具，是所有初创企业和上市公司都需要的"第四张表"。所有的投资者和消费者都希望看到这张表，因为不仅有财务指标，还有非财务指标。

管理大师德鲁克 90 多岁时，参加了一个企业家大会。他上台说的第一句话是问企业里最不懂企业的是谁？答案是首席财务官。听众都很纳闷，但他说，企业财务要的是未来，而首席财务官算的是过去。企业财务是动态发展的，但首席财务官算的是静态情况。某种意义上，他们看到的是过去。

"人单合一"的战略工具是"人单合一计分卡"。欧洲管理发展基金会做了一个"人单合一计分卡"的认证体系，过去都是外国企业主导认证体系，这是第一例由中国企业主导的全球认证体系。

1.“人单合一”的目标——生态品牌

生态品牌有别于传统品牌的特征是“三无”：无缝体验；无界生态；无感支付。

传统经济和互联网电商都没有实现无缝体验，因为只有交易，没有交互。无缝体验就是了解用户需求，交付的不只是产品，还是场景，并能不断迭代。企业过去都是自行销售，现在需要联合很多企业共同创造价值，共同分享产生的增值利润。现在的移动支付还需要人操作确认，物联网时代就不需要了。例如，洗衣机可以根据衣物多少、材质、水质、污渍程度投放洗衣液。洗衣液快用完时，根据事前协议，可以自动付费购买，送货上门，这是真正的无感支付。

2. 生态品牌价值评估的财务工具——共赢增值表

过去，企业遵循迈克尔·波特在 1985 年提出的价值链理论，而海尔的共赢增值表与之相比，有非常大的不同。

第一，共赢增值表体现的不是价值链，而是价值流。波特认为在价值链中，只有少数关键战略环节可以创造价值，其他环节不创造价值，这就有了利润中心和成本中心之分。但在共赢增值表中，所有节点都是创造价值的中心，每个人都要创造价值，不创造价值就会影响别人。

第二，传统报表只有产品收入，收入减去成本等于利润，而共赢增值表要有生态收入。价值链的指导指标是 KPI（关键绩效指标），共赢增值表的指导指标是 UPI（用户价值指标）。传统报表看用户为企业创造了多少价值，而共赢增值表要看企业为用户创造了多少价值，这是两种截然不同的思路。

共赢增值表有六大核心要素，第一核心要素就是用户资源。共赢增值表凸显了用户的重要性，而传统报表连用户都没有。因此，传统报表是静态平衡，而共赢增值表是动态平衡。企业通常采用的记账方式是意大利人发明的复式记账法——有借必有贷，借贷必平等，差一分钱都不行。但用户资源是动态的，用户有了需求能不能创造？用户又有了新需求，能不能再创造？如此形成动态平衡的循环，就像美国学者詹姆斯·卡斯在《有限与无限的游戏》一书中所说：无限的游戏没有终点、不可复制。

第三，边际收益递减是经济学铁律，但海尔能够做到边际收益递增，因为有生态。只是做洗衣机产品，就是边际收益递减，升级到生态，成为衣联网，与服装行业相连，就实现了边际收益递增。

3.“人单合一”的战略工具——人单合一计分卡

人单合一计分卡体现了中国传统哲学的系统论。中国传统哲学的根源来自《易经》，核心就是八个字：整体关联、动态平衡。

《易经》中的五行，相邻相生，相间相克。水木火相邻，水生木，木生火。水和火相间，水克火。因此，企业不要说自己是行业老大，因为即使是行业老大也只是系统中的一个节点，要和别人相生相克、相互协调。

《道德经》说“大制不割”，意思是整个系统不能割裂。丹娜·左哈尔教授在她的新书《人单合一：量子管理之道》中也说“没有原因，只有关系”。这两种思想是相通的，都在强调整体性、系统性。作为量子管理理论的创立者，丹娜·左哈尔教授将量子理论与管理学相融合。量子理论颠覆了牛顿力学，量子理论有个概念叫“量子纠缠”，意思是两个粒子不管离得多远，都可以相互吸引，如心灵感应一般。爱因斯坦说，就像幽灵般的超距作用。“人单合一”中的员工和用户之间，也是量子纠缠。

人单合一计分卡的横轴是引领目标，从高端品牌到场景品牌再到生态品牌；纵轴是链群合约，小微围绕用户需求，自发组织形成生态链上的小微群（链群）。链群之间相互协同完成目标，实现“四自”——自组织、自驱动、自增值、自进化。相交轴是增值分享。海尔没有薪酬部门，链群自己创造价值、分享价值。自组织确定要创造的价值目标，根据增值进行分享，如果三个月达不到目标，就自动解散。

例如，海尔生物医疗的创客为医院提供血液存储设备时，发现了一个痛点：医院采血困难，但血液浪费现象严重。手术室领了血液之后，如果用不了那么多，剩下的血液只能扔掉。于是，它们和血站、医院等联合建成血联网，变成了创业小微。海尔没有为它们提供资金，风投机构愿意投资，它们要跟投。后来，海尔生物医疗上市，PE 值最高时达 140 倍（现在也在 100 倍左右），创客自创股份转化为相应的上市公司股份。没有人要求它们创业，完全是自组织。

成为物联网时代的引领者

海尔的生态品牌名为“卡奥斯”，场景品牌名为“三翼鸟”。卡奥斯是希腊神话中的初始神，寓意为创新的万物之卵，衍生了此后的神，比如人们熟知的宙斯。三翼鸟是混沌的自画像，反映了一种奇异的吸引子。混沌现象指动力系统初始条件下，微小的变化能够带动整个系统长期巨大的连锁反应。混沌系统初始只是一个小变化，最后形成一个大变化，寓意为抓住用户一个痛点，不断迭代形成大的市场。正如人们常说的“蝴蝶效应”，一只蝴蝶在热带雨林轻拍翅膀，通过不断演化，引发得克萨斯州的一场风暴。以三翼鸟比喻场景品牌，就是要创造新的市场、新的用户。

因此，“人单合一”模式下，海尔实现了三大引领。

1. 理论的引领

哈佛大学五年做了五个“人单合一”案例，全世界排名前 10 的商学院，有 9 所商学院用了海尔的案例。在国际学术研讨会上，“人单合一”用的是拼音“rendanheyi”，就像“kungfu”那样。有欧洲学者归纳了全球现有的 30 多种管理模式，认为其中最出名的设计模式是海尔的“人单合一”模式。

詹姆斯·穆尔认为海尔走了一条对全人类的未来至关重要的道路。他提出的商业生态系统概念没有人关注，但海尔落地了。海尔在全球已有六个当地化“人单合一”研究中心，都由当地学者创立，海尔没有派一个人。“人单合一”硅谷研究中心院长安妮卡·斯泰贝认为，21 世纪应有一个普适的管理理念，它应以不同的方式和程度被不同国家的企业遵循和采纳。真正改变整个管理模式的企业只有一个，就是海尔。海尔模式将超越硅谷模式，因为硅谷模式只适用于中小企业创业，而海尔是大企业转型变革的典范。

2. 标准的引领

物联网时代的国际标准，如模式标准、生态标准、智慧家庭标准，都选择了海尔为主导。欧洲正在推进“盖亚 -X”计划，海尔卡奥斯受邀成为该计划的初始会员，并为该计划贡献大规模定制经验。全世界有 44 家“灯塔工厂”，海尔是全球唯一在同一个国家有两家灯塔工厂的企业。

3. 复制的引领

截至目前，全球 74 个国家和地区的 64 560 家企业已经注册成为人单合一无边界网络会员。麻省理工学院的《斯隆管理评论》发表文章称，疫情之下，海尔模式优于丰田、苹果、孩之宝等公司的模式。这些公司的供应链僵化，根源在于组织僵化，而海尔的组织模式是灵活的。疫情期间，海尔在北美和日本市场都实现了逆势增长。全球最大的财经资讯平台彭博社发表报道称：“从某种意义上，‘人单合一’已不再是海尔的专属名词，而是一场全球企业共襄盛举的物联网时代的管理革命。”

“人单合一”模式复制到了全球各个国家的不同行业。餐饮行业，意大利餐饮品牌康维斯在组织向小微转型上取得了阶段性成果；信息通信技术行业，富士通欧洲总部开始向小微组织转型；纺织行业，印度最大的地毯制造商斋普尔积极试套小微模式；钢铁行业，俄罗斯最大的钢铁企业之一谢韦尔钢铁公司为“人单合一”模式的落地做准备。国际组织，如联合国计划开发署亚太地区创新中心在其官方社交账号发文称，应用“人单合一”确实可以产生积极的意义。

习近平总书记提出了“以国内大循环为主体，国内国外双循环相互促进的新发展格局”。以国内大循环为主，双循环发展的前提强调引领性。“人单合一”模式之所以能够实现引领，正因为实现了国内外品牌在生态中共创，而非单纯的供应链关系。例如，海尔的衣联网吸引了近 15 个行业超过 5000 多家的生态资源方（如国际品牌宝洁、迪卡侬），聚合了 6500 万生态用户。

马克思的墓志铭是：“哲学家们只是用不同的方式解释世界，而问题在于改变世界。”大家都在解释物联网，怎样才能使企业变成物联网企业？我认为最重要的是用物联网改变我们的世界。改变的路径其实就是王阳明所说的“知行合一”。

有人说知难行易，有人说知易行难，两种观点都过于静态，应该动态地看问题。“知行合一”难在不断迭代。“知”在今天的水平之上，“行”跟上去，“知”就会提高，然后“行”再提高。希望中国企业能够共同协力，真正创造出引领世界物联网的商业模式。

目　录

第三部分

量子领导者　119

第四部分

量子组织　149

引言
一个全新的起点

新冠肺炎疫情暴发初期，托马斯·弗里德曼在《纽约时报》写道："这种病毒的出现使得世界继耶稣划分公元后，再次被划分为两个时代：新冠前时代和新冠后时代。"照这样说，这本书应该属于"新冠后时代"，我相信未来有很多书都是如此。大多数有思想的人都将这次危机视为人类活动的转折点，并希望可以抓住这个机会重新开始。但这本书略有不同，我相信这是人类的一个全新的起点。

量子科学家戴维·玻姆（David Joseph Bohm）说："世界上所有的问题都是思想问题。如果我们想改变世界，就需要改变思维方式。"如果我们真的要创造一个更好、更明智、更可持续的新冠后的世界，那我们就需要用不同于之前的方式进行思考和组织。正如彼得·迪亚曼迪斯与史蒂芬·科特勒在他们令人大开眼界的书《未来呼啸而来》（*The Future Is Faster than You Think*）中明确指出的，人类的大脑进化了数千年后适应了当地线性的、稳定的环境，我们在其中建立的组织、社会机构和政府机构却很难应对如今的不确定性、复杂性、快速变化以及全球互联性。为了建立更具相关性、更具韧性的企业，我们需要更新旧有的思维方式。

神经科学现在告诉我们，大脑是可塑的，我们可以重塑自己的大脑。我们体验和思考周围环境和人际关系的方式，其实会增强或改变用于塑造我们的思维和体验的复杂神经连接系统。改变思维方式就是要改变我们对未来的思考方式，以及改变利用这种思维方式所能做到的事情。这本书提供了一个全新的总体框架，让我们可以用不同的方式来思考一切，继而也用不同的方式进行组织。它提供了一种全新的组织模式，将新的思维方式应用于公司以及其他社会系统中。

本书是一本关于管理思想新范式的书，也是一本关于应用在我们个人、公司、社会、国家以及一个可持续的全球秩序之中的新型实用组织模型的书。它会让我们明白，在新的时代里，惯性思维是为何以及怎样毁掉商界和政界领袖的；它倡导的革新式思维方式和管理实践将颠覆我们先前的认知。我将这种新的管理模式称为量子管理，因为它根植于量子物理及其“姐妹”学科复杂性科学留给我们的新范式。

书中浓墨重彩的新型组织模式起源于 2005 年海尔设计并实施的商业模式。海尔是一家总部位于中国山东省青岛市的家用电器公司，目前是中国最大、最成功的跨国公司之一，也是全球最大的家电供应商之一。2016 年 1 月，海尔收购了美国通用电气公司（GE）想要剥离的停滞不前的通用电气家电业务，并在该领域实施了自己的商业模式。用各个标准来评判，无论是盈利能力、股东价值、公司排名还是新增市场份额等，我们都可以说海尔已经大获成功了。通用电气家电在海尔商业模式下重新焕发了活力，这个故事对美国读者来说显得尤其重要，因为它证明了中国公司所构想的新商业模式在美国运作的可行性。

因此，这本书并不只是关于海尔本身的。尽管海尔是中国最成功的跨国公司之一，但对于英语国家的读者来说，他们对海尔的兴趣并不比对其他成功的中国公司高。相反，是海尔的商业模式使加里·哈默尔和米歇尔·扎尼尼（Michele Zanini）在《人本主义》一书中将海尔形容为“世界上最具创造性的管理公司之一”，而海尔 CEO 张瑞敏先生则是世界上最具创新精神的领导者之一。同样，也是海尔的商业模式吸引了亚洲、欧洲乃至美洲的商业领袖和顶尖商学院的广泛关注，成为商业报刊上众多案例研究和专题文章的主题之一，吸引了上万人次到其青岛总部访问，其中不乏美国的商业领袖和学者。

我在本书中论述的海尔商业模式为我们需要的许多新思维提供了一个实践模型。所谓新思维，不仅仅限于商业领域，还包括个人和员工的新思维、社会和政治组织的新模式以及一种为不同的全球秩序提供愿景的新模式。

这本书提供了一套关于管理的理论，在海尔 CEO 张瑞敏先生设计公司的新商业模式时，我的量子管理理论曾极大地启发了他的思考。在过去 40 年中，作为我所开展的广泛项目的一部分，我旨在梳理和阐明一种用于思考一切的新范式。同时，该理论是以量子物理学中的定义、原则和哲学思想为模型的。

我的论述基于这样一个事实，17 世纪的牛顿机械物理学的哲学和原则催生了现代的西方范式，它在泰勒主义管理理论中的体现仍在当今的商业思维和实践中占据着主导地位。我认为物理学的范式转移预示并定义了一个更广泛的范式转移，即我们体验和思考一切事物（包括管理）的方式。

我之前出版过三本书，其中也涉及量子管理理论，但它们仅仅停留在理论层面，尽管许多商业领袖为之着迷，但他们并未看到这一理论在企业中实践的可行性。这本书的不同之处在于，海尔集团、罗氏印度公司、美国通用电气家电公司将这个理论用到了实际的商业模式中，并将其贯彻至企业的结构、实践和文化中，从而赋予了它生命力。海尔的CEO张瑞敏用天赋和勇气将理论转化为实际可行的商业模式，我才能基于此首次提出该理论。本书既为新的量子范式设定了框架，又以一些现实中应用该理论的可靠的公司案例研究以及取得的显而易见的成就作为实践支撑。

海尔的商业模式

在本书的第 4 章中，我会详尽阐述海尔模式，在此我想先用几句话进行简单的概括：张瑞敏让渡原属于海尔科层制下高层的权力，去除了所有的中层管理人员，使其成为独立的、自组织小微企业的首席执行官，即小微主，拥有决策权、人事权和分配权。因此，每一个小微组织都是一个公司，直接与自己的客户合作，根据客户的需求和偏好来创新生产自己的产品。小微团队直接由用户付薪，而非由海尔岗位付薪，小微企业保留大部分利润，并将一部分返还给海尔以支付大型公司服务平台的费用。这些服务平台提供的辅助服务已经通过数字化和平台化形成了一种服务能力，对其他公司开放，平台由以服务为使命的高级管理人员运营。张瑞敏现在所做的一切便是提供愿景、灵感、资源以及将整个运作“粘合”在一起的领导者的个人性格特征。如今海尔已经有近4000个直面客户的小微企业，每一个都是创新型初创企业，海尔因此被称为拥有“公司群”的企业，能够将大公司的资源优势与小公司的创新能力结合起来以创造综合利益。

以上是对海尔转型的结构层面的简要描述，除此之外，海尔还有至关重要的决定性的文化层面。由于海尔践行“人人都是 CEO”的理念，小微团队成员如同公司的创业者一样积极进取，致力于团队的成功。每个小微企业在为直接客户提供高质量产品的过程中，以往对产品的重视逐渐被对过程和服务的重视所取代。海尔最重要的经营理念是“在海尔，用户即领导”。也许最根本的是，海尔重新定义了企业成功的标准——忠诚客户的数量以及不断提升的产品回购率，代替了以短期股东价值和市场份额为指标来衡量企业成功。正是遵循这种商业模式，海尔一次次登上了《财富》500强榜单。

在本书中，我将详尽阐述海尔模式及其基础建设、过程和实践，并阐明这些如何表达了量子管理的原则。

我与海尔

2014年10月，我收到了海尔集团CEO张瑞敏先生发来的邮件，他告诉我，他很欣赏我的作品，并且在他设计海尔新的商业模式和公司转型项目时，我关于量子管理的想法对他影响很大。他邀请我前往海尔青岛总部，与他以及他的高层领导团队碰面，并为250名顶级管理人员做一次演讲。第一次见面时，张瑞敏询问了许多关于量子物理学的问题，他解释了他认为这一新商业模式将量子原则付诸实践的具体方式，并热情地分享了他对我的量子作品与传统中国哲学思想（尤其是道家哲学思想）之间相似之处的看法，这也激发了他的商业思想。谈话结束后，他邀请我去他的私人办公室，并指着一排中文书说：“这些都是你的书。”我没有想到他竟然有我自《量子与生活》之后所有作品的中文译本。“这些书有助于形成海尔的发展愿景。”张瑞敏解释道。这让我感到很惊讶，一时间变得手足无措，不知道该说些什么了。在收到张先生邀请我去青岛的邮件之前，我只听说过一些关于海尔的模糊说法，如“海尔是一家有趣的公司”等评论。

在随后的五年里，我每年都会拜访海尔集团两三次，每次都是应张先生的邀请，并且每次都会与他进行长时间的私下交流。我们会讨论物理学、东西方哲学、全球政治、我们最喜欢的作者和思想，以及商业在让世界变得更美好方面可能发挥的作用。作为一位颇有成就的知识分子，张瑞敏在中国被称为“哲人 CEO”。

我的每次海尔之旅都涉及与各种平台主、小微团队的对话和简短的指导研讨会，我与海尔的战略平台和文化平台一直有着紧密的合作。在我的新书《量子领导者》成为商业畅销书后不久，我被备受推崇的杂志《清华管理评论》评为“2018 年度十大管理创新领袖 · 思想者”，那时我又与张先生见面了。他告诉我：“商界的每个人都在谈论你的书，‘量子管理’已成为中国的新潮流。”他对此很高兴，但同时也很担心，“这本书很受欢迎，每个人都迫切地想加入这场讨论之中，但其实大多数人不知所云。”他担心大批不合格的模仿者会败坏量子管理的思想，于是他便建议我写一本量子管理的圣经，以保持这一思想的纯粹，并提出了一个五部分的结构，“它应该涵盖你所有主要书籍的主题，可将其具体应用于商业和管理领域。”因此，本书的轮廓被大致勾勒出来，其英文名称“*Zero Distance*”（零距离）既是海尔商业模式的另一名称，也是量子物理学中的定义原则。

本书论点和发展综述

在 2019 年的达沃斯经济论坛上，许多世界顶级商界领袖在接受媒体采访时，都提到了他们在会议和谈话中感受到的一种普遍蔓延的悲观情绪。他们指出，大家已经普遍认识到国际社会正面临着非常严峻的问题，在某些情况下甚至可以说是生死存亡的问题，但他们还没有找到可行的解决办法。这次大会讨论的问题包括气候变化、不稳定世界中日益增长的核冲突威胁、大规模移民、新技术带来的大规模失业前景、民粹主义、身份认同、不平等问题以及由此带来的经济不确定性。对于商界领袖来说，这些自然都是与当今的不确定性、快速变化和适应全球化有关的常见问题。这些也的确是大问题！除此之外，新冠肺炎疫情的暴发更是雪上加霜。

我认为，这些商界领袖找不到解决方法的真正问题在于，他们之前惯有的思维模式不足以应对 21 世纪的问题和挑战。事实上，正是他们的习惯性思维及其所创造的世界，造成了大多数问题。同样，这些过时的思维模式使得他们很难把其中的许多问题转变成机遇。显然，我们谁也不能用 17 世纪原本为应对随之而来的工业时代的问题和机遇而设计的思维模式来解决 21 世纪的问题，或抓住 21 世纪的机遇。我们需要“重塑大脑”。

这就是本书将要讲述的内容：理解“惯性思维”为何以及是怎样毁掉这些商界和政界领袖的，并描述一种新的思维模式，这是一种彻头彻尾的全新的思维模式，它将彻底颠覆我们先前认为理所当然的一切。我认为，这场 20 世纪初亮相的范式转移已经在 21 世纪全面登场，这种范式转移是革命性的，它要求将新的思维模式运用到人类活动的各个方面。当其被应用于企业时，不仅要求领导者改变管理方式、决策方式、掌握的权力以及作为领导者的角色，而且还要求他们必须为组织或者为他们所领导的社会系统创造全新的结构和基础架构以及寻找全新的意义和目标。

正如张瑞敏所评论的那样：“你只需要忘却过去的成功，从零开始。”他的领导哲学以及他为指导公司彻底转型所构想的商业模式都将成为本书的核心内容和典型模式。因此，诸位读者不必完全从零开始。在本书中，你们会看到张瑞敏和其他领导者的指导性案例。另外，我还将提供培养颠覆性思维的基本要素。我们认为，21 世纪的领导者需要充分掌握这些思维模式，才能更好地抓住机遇，解决问题。但对思维模式进行再创造较为缓慢，也不轻松，这需要深刻的改变，并且任何一位领导者导师都有资格为此收取高额的指导费，所以请注意，深刻的改变需要很长的时间以及决心和勇气。本书中提到的开拓性领导者对他们的公司和自己的事业都承担了巨大的风险，但他们对我说，他们这样做是因为他们深信这是正确的。

我将自己一直以来拥护的这种新的思维模式称为量子思维，将实践这种思维的领导者称为量子领导者，并将在接下来描述的成功转型的企业中所嵌入的管理模式称为量子管理理论实践案例。不同于新时代的许多著名作家、广告商和其他形形色色的人，我使用量子这个词，是出于对量子物理学的实际参考。我认为量子物理学是新范式的起源和基础，这种新范式要求对 21 世纪生活中的一切重新进行思考。虽然量子物理学本身显然和管理没什么关系，正如在实验室中所实践的，它最初的设想是描述原子中奇怪的微宇宙，但它作为纯粹物理学的基础思想、思想范畴、基本原理和哲学显然具有更广泛的范式意义。随着 17 世纪牛顿物理学原理的发表，在接下来的 300 年里，各个领域的思想家纷纷在他们的作品中采用该原理，正是他们的思想创造并定义了现代社会。因此，量子管理理论的灵感来自量子物理学本身理论的启发，并从中汲取自己的原理和哲学。①

20 世纪初，美国工程师弗雷德里克·温斯洛·泰勒（Frederick Winslow Taylor）将 17 世纪牛顿物理学的范式改编为科学管理理论，即后来著名的泰勒主义，并被全球企业普遍采用。之后的每一个管理理论、每一个管理实践、每一个管理策略和每一个管理决策都承载着泰勒

① 需要注意的是，活性量子系统被复杂性科学家称为复杂适应系统，它与理解公司和城市等事物直接相关。因此，本书将详细描述这些系统，因为它们是量子管理学赖以生存的科学基础。

主义的印记。当企业家在简单、稳定、可预测和可控的机器和技术世界中经营时，这并没有什么问题。

随着工业时代的逝去，工业机械以及机械的确定性也随之而去，尽管这些企业家的确为企业创造了巨大的财富，并从中吸取经验和教训开创了成功的管理模式。21 世纪的新技术是数字化的，而这一世纪通常被称为互联网时代。海尔集团张瑞敏更准确地称之为量子时代，这是因为构成 21 世纪经济与科学发展基础的所有新技术均为量子技术。硅芯片使数字革命成为可能，我们今天使用的每一个数字工具或服务，从我们的电脑、智能手机、智能家电、电子游戏机到互联网本身，都是因为有了硅芯片的出现才成为可能。硅芯片本身是通过量子物理学的知识才得以成功的，使用激光技术或依靠固态系统（如超流体和超导体）技术的设备也是如此。这其中也包括振奋人心的新型量子计算机。

量子时代极具革命性的量子技术既创造了新的机遇，也带来了新的问题，这就是为什么我们需要新的量子思维来抓住机遇和解决问题。社会系统和商业组织的领导人需要了解他们现在领导的新系统和组织背后的逻辑，既要知道它与工业时代的旧式牛顿逻辑的不同，也要明白如何使用新的量子逻辑来满足他们的需求，并迎接当今的挑战。因此，我提出了量子管理理论及其所代表的思维模式，作为指导所有 21 世纪领导人的一门必要的领导哲学。

科学理论必须通过实验的检验才能成为有效的理论，新的管理理论也应如此。因此，本书提供了三家大型公司的详细案例研究，其领导者冒着失败风险，将量子管理理论作为一种商业模式进行全面实施，来指导大型公司的转型计划。它们分别是中国的海尔集团、罗氏印度公司和美国通用电气公司。它们的成功故事为量子管理理论提供了实验依据，也为其他人提供了操作指南。

海尔集团是首家实施量子管理理论的大型跨国公司，其 CEO 张瑞敏先生提出的人单合一商业模式首次以实用商业模式的形式呈现出了量子管理理论。人单合一是量子管理理论的实际应用，这也是我对它感兴趣的原因。罗氏印度公司和美国通用电气家电都率先采用了海尔模式，并针对各自的转型计划进行了相关调整；同时，还有一些军事组织也不约而同地引入了类似的模式用于军事变革。因此，人单合一及其在海尔的实施形成了我在本书中所描述的范本，以供其他公司学习。我还进一步探讨了海尔人单合一商业模式如何作为一种社会和政治模式，用以应对政府和公共服务领导人面临的挑战。在本书的第二部分，我介绍了人单合一的应用，我相信它可以帮助人们适应那些给他们个人生活带来诸多恐惧和混乱的新的全球现实和工作环境。

《人单合一》不只是一本商业书籍，量子管理理论也不只是一种商业理论。这是一个全新的组织理论，它提供了一个全面的理论框架，让我们从根本上改变了对管理的思考方式——一个立足于科学以及对组织系统动力学的全新科学理解之上的管理新范式。因此，它让我们第一次全面地了解了：组织为什么会面临现在的这些问题，为什么熟悉的解决方案行不通了，以及如果我们要找到更好的解决办法和更有创意的对策来应对 21 世纪现实带来的许多新问题和新挑战，我们需要采取何种根本性的全新思维方式。

在为企业提出新的解决方案的过程中，人们已经尝试了许多零散的措施，包括“柔性组织”“敏捷组织”“动态能力”“自觉资本主义”“人本主义”“真实型领导”“明智型领导”等，目前也正在进行一些实验来解决各种社会问题。这些的确都是很好的想法，但零碎的解决方案只有被置于整体的框架中才会发挥效用。框架能够解释为什么有的问题需要用到新的解决方案以及为什么提供的这种解决方案是好的。如果不能全面地理解进行实验的目的和原因，那么实验就是盲目的。因此，一家全球咨询公司的高级合伙人在接触量子管理理论以后，向我坦诚地说："我现在意识到，我们与客户的互动是极为肤浅的和碎片化的，而且一直都是在浪费彼此的时间。"

量子管理所反映的是一种根本的范式转移，与我们的商业和社会生活的方方面面息息相关，以致没有哪一本书或哪一位思想家能够梳理出量子管理理论在思想领域、企业中被付诸实践的所有机会。除我所记述的，还有很多可靠且信息丰富的量子思维的应用，希望其他人能够继续我的旅程，写出更多相关的书籍。

本书的结构

我想在此简要地解释为什么将本书分为五个部分以及我是如何选择相应的主题的。第一部分是"构建模块"，这对读者后续充分地理解论点和案例是十分必要的。第二部分至第五部分依次是关于"量子自我""量子领导者""量子组织"和"量子社会"（包括"量子全球秩序"）的研究，它们代表了我的信念——没有人是一座孤岛，以及量子物理学中的深刻见解——万物互联。这些不断印证了我的观点，即商业的哲学、价值观、文化、重心和决策是与每个人都相关的事情，它影响着人们生活的各个方面。当然，任何商业领袖也都是有私人生活的个体。私人生活的质量与性质会受到商业领袖决策的影响，在一个量子组织中，私人的性格特征也会反过来对领导水平和领导效能产生重要的影响。同时，每个领导者既是地方公民，也是国家和全球公民。社会的本质和质量以及我们这颗脆弱星球上全球社会的生存状态，都直接受到领导者个人性格、职业价值观及其所做决策的影响。因此，虽然本书分为五个部分，但每一部分内容都与其他部分的主题密切相关。

ZERO

第一部分
构建模块

A New Paradigm for Living, Working, and Leading in the Quantum Age

DISTANCE

第1章
从牛顿时代到量子时代

自古希腊以来的西方世界中，人们的生活、思想和决策均由一种范式所定义，这种范式强调分离和分裂的现实。从笛卡尔的原子到牛顿的原子，西方人把人类自己、人类的组织和人类的社会看作由原子论的各个部分组成，小至身体器官、个人，大至部门、行业乃至整个国家。我们相信人类独立于自然，可以不停地开拓自然，最终过度地开采了自然资源，如今的全球气候危机正是我们2000多年来坚守这一信念的后果。我们反对社会不公，并为此而战，将炮火对准与我们分离的“敌人”。甚至在西方的三大宗教中，上帝也被塑造成了独立于人类，有着不同本质和构成的实体，而这可能早已超出了我们有限的人类认知。然而，我们可以从量子物理的定义原则以及中国古代的道家哲学思想中了解到，不管是最前沿的物理学还是人类最古老的哲学都告诉我们这样一件事情：“分离是不存在的。”“分离是一种错觉。”万物互联，没有人是一座孤岛。我们生活在一个零距离的世界和宇宙中。

科学认知上的变化通常预示着人类思维方式的巨大转变。科学的灵感经常来自模糊的、试探性的，却又十分广泛的文化转变，然后被发展为可用高度明确的、严谨的、清晰的语言表达的强有力的图像和隐喻。在本书中，我将利用现代科学的原理和哲学（量子物理学和复杂性科学）在 21 世纪技术中的实现，以及这些技术所创造出的全球化世界，去探索如何在这个零距离的新世界找到方向并走向繁荣。我将论证原子分离说的范式已趋于穷尽。这穷尽的范式仍然深深地根植于我们的内心深处、人际关系之中、公司管理和组织背后的思想之中以及我们的社会和政治思想的本质之中，但我们不应该延续这样的做法。此外，它还导致了当今许多领导者仍努力试图攻克的问题，其中一些甚至威胁到了人类自身的生存。

全球流行病、气候变化、核冲突、身份认同、民粹主义、不平等、大规模移民、新技术导致的大规模失业前景以及局部或整体的经济不确定性，应对这些全球性挑战需要彻底的革新思维。当然，复杂性、混乱性、不确定性、快速变化和全球互联性也要求我们用新的方式来组织和管理我们的公司。我认为，要想在思想上实现如此规模的彻底转变，不可能指望零碎的调整，也不可能靠采纳正流行的理论。我们正从人类文明的旧时代跨入一个全新的时代，从体验完全由一个现已枯竭的范式所构建的生命，转变为体验即将由一种新的范式所构建的生命。简而言之，我们正处于一场大规模范式转移的阵痛之中，而这本书的目的就是通过理解这一点来引导我们，并为那些想要“在过桥时学会搭桥”的个体或领导者勾勒出一份指南。

什么是范式转移

“范式”这个词早已被广泛地使用，也有很多误用，特别是在商界，词义太多也就基本等于失去了意义。每一位商业领导者在介绍自己的最新管理理论时都声称自己正在引入一种“新范式”。这个词的意思经常被解释为“新思维”“新方法”“新模式”“新想法”“新时尚”，或者仅仅被用于形容“不同的东西”。这些词语的滥用让我们无法看到“范式”一词所包含的更深刻、更普遍的意义和力量，更别说“范式转移”了，最终导致当我们真正想要更深刻、更具有革命性地体验生活和感受世界时，我们的专注力和辨别力却跟不上了。如果读者要从本书中学到任何有价值的东西，那么我们首先必须要理解范式和范式转移的正确含义。

范式一词是由芝加哥大学科学史学家托马斯·库恩（Thomas Kuhn）首次引入现代用法的。他在自己的开创性著作《科学革命的结构》中将范式描述为“一个特定群体的成员所共有的一套信仰、价值观、技术等”。他特别提到了科学界，当科学家们提出关于物理现实本质的主张时，他们都有一套共有的感知和理解方式，即范式，而这一范式随相对论和量子物理学的诞生发生了改变和转移。他指出，这种共同范式决定了科学界提出什么样的问题，做什么样的实验，从这些实验中得到了什么样的观察以及赋予这些实验什么样的意义。

自 1990 年以来，在我所出版的书中，我最早指出，历史上任一时代的科学范式，包括自然哲学家、科学家、古代神话或是先知所告诉我们的关于宇宙的本质，都是在催生一种更普遍意义上的共享范式，这种范式定义了我们如何体验和理解人类生活的各个方面。从更包罗万象的意义上来讲，范式就是完全沉浸式的现实感，它是我们对现实的感觉，对我们自己、身体、思想和灵魂的感觉。范式不仅决定了我们该思考什么，如何理解我们的人类世界，也决定了我们感受什么、体验什么，如何感受，如何体验，甚至是用五官去感受什么，尤其是看得见什么，又看不见什么，它还决定了我们所问的问题和我们对于答案的理解，我们如何看待自己以及我们与他人的关系，我们生活里的事情值不值得做，甚至是自己要成为一个坏人还是好人，糟糕的领导者或优秀的领导者意味着什么。因此，对于大多数人来讲，摆脱时代范式的约束而出世通透地生活是不太可能的。

库恩在他所称的常规科学和革命科学之间做出了非常重要的区分。常规科学是在现有范式的范畴和理解范围内运作的。科学家们先假设他们知道什么理论是真的，以及如何加深他们对这一理论的了解，然后通过设计实验来验证这些假设。他们的科学主要是自我认可和自我肯定的实践。每做一个新的实验，他们都可以在现有的范式中扩大他们的知识范围，但这一切都是意料之中的事情。相反，革命科学是打破常规的科学探索，它违背现有的假设和理解，迫使科学家重新思考他们已有的认知。革命科学具有颠覆性，当出现重大的反常对之前所有假设都提出质疑时，当需要用全新的视角来审视所有的数据时，革命性的科学家就站在了范式转移的风口浪尖上。库恩说，常规科学会迷失在范式转移中。

> 当颠覆现有科学实践传统的反常现象不可避免地发生在整个行业中时，便会产生许多非同寻常的研究，最终导致这个行业形成新的承诺，为科学实践奠定新的基础。这种行业承诺发生转变的不寻常事件，在本文中被称为“科学革命”。它们打破传统，是对被传统束缚的常规科学的一种补充……而过去发生的每一次伟大的科学革命都要求社会摒弃一种遵循已久的科学理论，转而支持另一种与之互不相容的理论……每次都以一种世界转变的可能的方式改变了科学的想象，科学工作在这个转变中得以完成。

自从我在 1997 年出版了《重塑企业大脑》一书，我一直认为企业面临的新现实就是一种反常，库恩将反常描述为科学革命的先兆。在《重塑企业大脑》以及我之后的书中，我认为在商业领导思维和实践方面，一场革命正在悄然发生着。它要求我们摒弃自己过去知道的一切商业知识和经验，集中注意力以全新的视角理解和应对 21 世纪面临的挑战。在这本书中，我想阐明这场革命从任何意义上来讲都是一次范式转移，它不仅需要我们从全新的角度理解商业领导力和实践本身，还要求我们对每个从业者、业务运转的社会以及人人共同参与的全球社会有全新的了解。正如我前面所说，每个商业领导者不仅有自己的生活和人际关系，而且也是社区、国家和全球村的一分子。

因此，我认为这场商业范式转移同样具有彻底改变世界的力量。随着我们深入到 21 世纪，范式转移产生的巨大需求将需要一个全面的、彻底的以及重新构造的过程，而这一过程始于最基本层面的五种感官——所见、所听、所闻、所尝、所触。我们必须像刚出生的婴儿一样重新审视这个世界，用充满惊喜和好奇的眼睛去探索它。

过时的牛顿式范式

在学校时，我们都被教导应该学习历史，因为只有以史为鉴才能避免重蹈覆辙。因此，当我们不断前进的时候，要时刻警醒自己过时的牛顿式范式的关键特征，明白它是如何影响我们审视自己以及自身的领导力方式的，以避免犯相同的错误。但不幸的是，很多人仍然在带着滤镜看世界。

牛顿的三大物理定律有力地总结了 16、17 世纪席卷全世界的科学革命。尽管从许多方面来说，牛顿物理学本身是建立在西方世界观之上的，这种世界观起源于古希腊的雅典和西方宗教的一神论，但是在这之前从未有任何单一的理论体系能如此简洁地解释自然。牛顿定律使我们不仅可以了解自然，而且还可以预测和控制自然。他声称，知道一个粒子或物体的起始位置，知道作用于其上的力，加上宇宙万物所遵循的三大运动定律，我们就能准确地知道它未来的轨迹。

命运不是写在星辰里，而是在牛顿书写方程式用的墨水里，方程式的墨守成规使得不确定性永远从我们的生活中消失了。牛顿的物理学描述了一个简单守法且可预测的世界。自宇宙这台伟大的“发条机器”开始运转的那一刻起，构成宇宙的个体，即孤立的、坚不可摧的原子就进入了它们早已设定好的命运之旅。没有例外，没有意外，当然也没有混乱。这是一个设计好了蓝图的宇宙，科学家可以用它来建立模型和制作预测图表、流程图并进行预测。这是一个极为有序的宇宙，所有人都可以通过客观的观察和纯粹的理性完全理解它。虽然我们和我们的意识在这场无声的戏剧中没有任何参与感，但我们有能充分控制它的工具。甚至在那些与物理学从未有过联系的领域里，伟大的思想家们也注意到了这一点，并受到鼓舞，于是在自己的工作领域中开始效仿牛顿。

现代心理学之父弗洛伊德在他的三重人格结构图中看到了牛顿决定性的作用和反作用的力量，他提出心智的内容和动力是由早期童年经历的因果关系决定的。牛顿坚不可摧的孤立原子成为弗洛伊德“客体关系理论”的孤立个体，他们仅仅是他人的客体，没有爱的能力并且被囚禁在自己的投射中。弗洛伊德的理论后来演变成了斯金纳的行为主义，把人类描绘成如实验室的老鼠和巴甫洛夫的狗一样的存在，完全受刺激和反应的铁律支配。这反过来又演变成今天的认知和神经科学家推崇的心智计算机模型。他们告诉我们，我们是为了成功或失败、社会模仿和服从惯例而被编程的思维机器。在所有的牛顿式心理学中，是没有转变、自由意志、责任、意识动机、个人成长这些元素的。

我们在这里找到了当今工厂和公司如此对待工人和雇员的根源，弄清楚了工具和机器是如何通过一项项规章制度、工作任务被从上而下的权力所控制的。雇员们时常感到恐惧，他们不断地被告知要做的工作；

他们不被信任，缺乏责任，也没有决策的权力；他们的体力、脑力都被榨取得干干净净，用于牟利；他们中大多数人觉得自己的工作和生活毫无意义，他们的个人生活、情感、激情、抱负和人际关系“和工作毫无关系”。

牛顿的原子还启发了奥古斯特·孔德（Auguste Comte）社会学新科学的社会原子，洛克（Locke）和米尔斯（Mills）自由民主制的原子式的个人主义，以及现代政治秩序的原子主义民族国家。弗洛伊德的原子式个人和利己者成为亚当·斯密学说下的资本主义的商人，牛顿可预测宇宙的法则和力量成为斯密可预测的资本主义市场法则和力量的模型。美国工程师泰勒以牛顿的宇宙机器隐喻和韦伯（Weber）牛顿式的官僚主义“铁笼”作为他的科学管理理论的模型，这种理论被称为泰勒主义。

泰勒式公司体系由管理层进行全能执行控制，职能和部门相互独立，官僚规章制度和指挥链十分僵化，员工被视为被动生产的手段，并时刻处于被动告知工作的状态。他的原子论的意义在于：每个人都是一座孤岛，这里的人不对所处的群体和世界负责，全然不顾道德或价值观，为追求最大利润和股东价值而进行盲目竞争。这至今仍是大多数公司采用的模式，它们所用的管理原则仍然是世界上大多数商学院所教的管理技能。

原子式的个人独立于他人和自然，现有的资本主义模式主张肆无忌惮地追求自身利益，类恐龙式的泰勒型公司被其官僚主义结构、原子论模式，以及仅对少数股东负责的一系列因素拖垮了，原子国家追求一系列特朗普式“美国优先”的行为（可能更甚于特朗普）把全球化搞得一团糟，这有什么惊奇的吗？我们现在不仅面临着几乎无法克服的气候变化、身份认同、不平等、核威胁等问题，而且难以应对当今世界的互联性、复杂性、多样性、快速变化和不确定性，这些又有什么令人惊讶的呢？

牛顿式范式在属于自己的时代已经发挥了该有的影响，就像牛顿的物理学成功地描述了当时科学家所理解的世界一样。物理学奠定了工业革命的技术基础，官僚主义和泰勒主义的管理则保证了大型工厂和公司的成功，而这些工厂和公司为工业革命奠定了财富基础。原子式个人主义的自私和贪婪集中了人类最恶劣动机的能量，但至少为更多人提供了更高的生活水准。我们今天应该意识到，这一切都付出了巨大的代价，而且已经不再起作用了。它制造了它自己的模型和思维模式无法解决的问题，而这些问题已经对整个人类工程构成了生存威胁。牛顿式范式已经失效，其存在的意义已荡然无存。因此，我们现在需要更新颖的东西——一个全新的范式。

库恩指出，对于科学本身，当实验数据反常时，就具备了范式转移的条件。所谓的“反常”是指这一结果已经不能简单地用旧范式的框架来解释了，于是科学家们开始提出一些“跳出固定思维模式”的新问题，可能会使我们对这些无法解释的结果有了新的理解。就当下的西方文化背景来说，“反常”结果已经出现，就像突发的新冠肺炎疫情危机一样，现有的制度和文化价值体系观早已无法应对当前的危机以及经济崩溃。正如安妮－玛丽·斯劳特（Anne-Marie Slaughter）在描述具备新结构、新系统以及新价值观的自发组织如何面对和应对危机时所说的：“新冠病毒及其对经济和社会造成的影响像是一台未来的时光机，它所预测的本该在几十年里才能发生的变化，我们在短短数周的时间里就见证了。”

在库恩的书中还有一个令人不安的说法：只有旧范式的所有信徒都死了，新范式才能被完全接受。希望他的悲观主义是错误的，因为如今有一大批领导者，他们乐于接受新的范式以及随之而来的挑战和机遇。同样幸运的是，量子物理学的出现会为新范式提供坚实的概念基础和总体框架，这能帮助领导者了解如何在其中建立全新的、不断发展的个人、商业、政治和经济文化。

新型量子范式

说起新物理学，它的吉祥物一定是薛定谔的猫。它是由创立量子物理学的五位科学家之一埃尔温·薛定谔（Erwin Schrodinger）构想出来的，用以说明量子现实中一些十分奇异且令人费解的特征。

薛定谔的实验是这样的：猫被放在一个不透明且封闭的匣子里，实验的一个重要前提是观察者看不到盒子内部，猫的体内有一个邪恶的装置，由放射性样本的随机衰变触发，这个衰变决定了猫所摄入的是美食还是毒药。如果一个衰变粒子击中设备上的一个开关，猫就会得到食物。如果击中另一个，猫就会中毒。

在常识和牛顿物理学的世界中，一个或另一个开关被触发后，只有两种结果：吃到美食，猫会存活；吃到毒药，猫就会死。但因为薛定谔的猫是一只量子猫，结论就会有所不同。在量子世界中，所有的可能性，甚至是相互矛盾的可能性，都是共存的并具有自己的现实。这些共存的量子可能性确保了猫同时被喂食食物和毒药，所以猫是处于既活又死的状态的。

当然，我们从没见过既活又死的猫，也永远抓不住薛定谔的猫。当打开匣子时，我们会发现它非死即活。这是关于量子世界的另一个有意思的事实：我们对于猫的观察以及打开匣子的那一刻，决定着猫的命运。根据量子物理学，在观察者和其观察到的东西之间总是存在着一种动态的、相互成全的关系，我们对观察行为的参与决定了存在何种现实（平行宇宙）。这两个事实来自量子物理学这个陌生的新世界，它是多个现实同时存在的世界，而人类观察者影响着会呈现哪一个现实。这一结果极大地影响了领导者扮演的角色和肩负的责任，在我们前进的路上，我们或许会看到许多其他现实。

一种全新的思维方式贯穿了整个 20 世纪的科学领域。新概念、新范畴以及全新的物理现实和生物现实标志着过去三百年来科学所珍视或确定的几乎所有事物都有了重大转变。这种新思维（我称之为“量子思维”）的转变是如此深刻，以至于它引发了第二次科学革命，或者说呼吁了一种新的科学方法。在接下来的章节中，我将论述同样的量子思维也将引发一场管理革命，这会使得我们的公司及其他社会组织在结构、领导和文化方面发生翻天覆地的变化。

牛顿科学是层级结构式的。物理世界就像泰勒式公司一样，由不断向下的组成单位构成：相较于复杂化合物，分子更为基础；相较于分子，原子更为基础。在牛顿的关系模型和组织结构中，权力和功效随着等级阶梯的上下移动而有所不同，权力由中心向四周辐射或由顶部向底部辐射。

但是，复杂性科学描述的生物学上的复杂适应系统并不是分层的。这些系统中的一切都与其他一切相连，并且系统中的每个要素对于整个系统的成功运作同等重要。复杂性科学将量子物理学的原理应用于生命系统。因此，复杂性科学描述的系统实际上是活量子系统，它将复杂生物系统的行为应用于复杂的人类社会系统中，这一认识将构成我们指南的一部分，指导我们将量子物理应用到公司结构及领导力的变化之中。

牛顿科学强调连续性和连续的线性变化，而新物理学则强调突然的运动以及快速的、戏剧性的、非线性的变化。这是一个关于“量子跃迁、量子灾难和突然陷入混乱”的故事，不确定性和不可预测性取代了常量和可预测性。在量子或混沌与复杂性理论家看来，牛顿的机械宇宙变成了一个娱乐赌场，在这里蒙特卡罗方法（一种计算机化的掷骰子和赔率计算方法）将取代科学方法。

正如我们所看到的，古老的科学描绘了这样一个物理宇宙：一个由独立原子组成并受严格的因果定律约束的宇宙，一个由力和因果联系的事物组成的宇宙。但量子科学让我们看到了一个相互纠缠的宇宙，在其中所有的事物都与其他事物微妙地联系在一起，只有在关系中才能理解事物。这种影响是在没有力和信号的情况下依然可以感受到的，这种相关是自发形成的，这种模式是在某种内在秩序中产生的。当牛顿主义的科学家将一切事物简化为独立的组成部分，以及作用于它们之间的几个简单的力时，量子和复杂性科学家则在寻找“部分结合形成整体”时出现的新模式和新特性。一个没有任何新奇或令人惊讶的事情发生的宇宙被一个不断创造的自组织宇宙取代了。量子科学家深知，我们所了解的事实不能与其所处的环境或背景分离。整体主义取代了简化主义，自组织复杂性取代了原子组织的简单性，整体必然大于部分之和。正如我长期以来主张的，量子科学范式现在正在催生一种更普遍的新量子范式。

事实上，我们在 21 世纪里使用的所有新技术都是量子技术。我们的计算机和所有其他数字设备依赖的硅芯片只有通过量子物理学知识才能实现；我手边的苹果手机、家里的智能电视以及查看新闻所用的互联网都是量子技术；激光手术、CAT 扫描、PET 和 MRI 扫描[①]等诊断疾病和延长我们寿命的医疗技术也都是量子技术；超流体和超导体、电力

① CAT：计算机 X 射线轴向分层造影，用于器官检测、诊断疾病等。PET：正电子发射型计算机断层摄影，核医学技术，用于拍摄人体功能图像。MRT：核磁共振成像，用于疾病侦测与诊断。——译者注

系统的新物理学和材料科学的量子化学……所有这一切都离不开量子技术。量子生物学家还告诉我们，我们的身体也依赖于细胞内的量子过程；神经科学家在我们的大脑中发现了量子过程；飞行中的鸟类的集群模式和植物的光合作用也依赖于量子信号和过程。复杂性科学家告诉我们，我们的城市、我们的公司都在按照与宇宙本身相同的量子定律运行。我们现在生活在一个量子时代，生活在一个新兴的量子范式中，那些即将成功的公司和组织、管理公司的领导者，理应是量子公司和量子领导者，理应掌握了量子思维。这也是我写作这本书最大的缘由。

当然，读者不必去理解量子物理本身，它需要掌握非常深奥的数学知识，而且仅对一些科学家和依赖它去开发新技术的人士具有实际用途。在这本书中，我的目的是概述量子物理范式的含义，概述使量子范式不同于旧的牛顿范式的“大思想”以及这些思想如何适用于当今领导者面临的挑战和机遇。我将用浅显易懂的语言让非科学家的读者们也能清楚地理解这一切。

本书分为五个部分，但这些都是量子部分。这意味着书中的每一个主题都是更大整体的一个构成元素，每一个主题都相互联结，有助于彻底理解彼此的含义。这是一本写给领导者的书。所谓领导者并非狭义上的领导者，我相信我们每个人或多或少都是生活的领导者，是我们自己生活的真正的主人和创造者，还有许多人是一个家庭、公司乃至一个社群、国家的领导者。因此，本书提出的新范式是一个在每个人都努力创造和肩负责任的世界中，让我们更好地生活、思考、学习、领导以及组织的新范式。

第2章

何为量子系统

量子物理学诞生最初是为了描述原子内部奇妙而又反常识性的微观宇宙。今天，物理学家告诉我们，它实际上也是描述存在的一切（包括我们自己）的最准确的方法。他们指出，我们生活在量子世界中。这个世界是由能量而非物质组成的，世界上存在的所有事物和所有人实际上都是动态能量的进化模式，包括你和我也是动态能量的模式，公司也是动态能量系统。量子世界是由关系构成的，万事万物都相互纠缠在一起，这就是量子整体论。量子世界是不确定的，因此是不可预测的，它通过自组织创造性地感知未来。在这个量子世界中，问题比答案更重要，发问者即为现实的创造者。

量子世界的上述以及其他关键定义元素在本章会被更详细地阐述，并与早期牛顿物理学和牛顿范式的定义元素进行对比。这些基本的量子概念和原理是理解量子管理及其在更广泛的量子范式中的地位的必要基石。我相信这是每一个 21 世纪的领导者，特别是商业领袖都应该知道的基础科学，我会在全书中详细地阐述这些量子概念间的相关性及其更广泛的领导力含义。

量子非决定论

牛顿物理学中最有力的革命性特征是它的确定性。如果物质宇宙中的一切都是由不可侵犯的牛顿机械运动三大定律控制的，那么通过使用这些定律，我们就可以准确无误地预测任何运动粒子或正在发生的事件的未来轨迹。此外，如果我们知道如何运用这些运动定律，就应该能控制事件的结果。因此，数十年甚至上百年来，从个人行为到社会行为，从公司行为到市场行为，牛顿决定论成为一个极具吸引力的模型也就不足为奇了。但是，在 20 世纪末和 21 世纪这个快速变化、复杂且日趋混乱的世界里，我们无法再依靠行为和事件的确定性来指导决策。基于最好的计划而制定的决策时刻可能被推翻。

我曾说过，新的量子范式颠覆了我们自认为自己知道的一切。在量子物理学中，最具革命性的发现之一便是牛顿范式所承诺的确定性是不存在的。当一个电子在原子系统中从一个能量轨道向另一个能量轨道进行量子跃迁时，我们无法预测这种跃迁发生的时间或跃迁幅度的大小；如果一个放射性原子的原子核释放出一种粒子，我们也无法确定该衰变发生的时间。在这个完全偶然的量子宇宙中，似乎没有任何定律可以操控事件，它自然而然地发生着，我们看不到它的到来，也不知道它要去往何处。

量子事件是盖然论的，一些事件比另一些事件发生的可能性更高。因此，如果给定足够多的事件，我们可以预测特定的结果模式。薛定谔的波动方程描述了一个量子事件现在和未来所有可能的结果，但这只是庄家的一组赔率。对于单个量子事件的未来走势，我们很少能做出任何有用的预测。同时，牛顿关于通用发条机器的设想被量子物理学中的通用轮盘或骰子游戏所取代，从而激怒了爱因斯坦，他抗议道："上帝不会掷骰子！"他试图争辩，不确定性只是我们有限知识的结果，而不是现实本身的特征。但无数的实验证明了他的错误，极端的偶然性确实是我们这个世界的基本特征。

在过时的牛顿范式的范畴和价值中，量子的不确定性似乎是对于先前一切科学的威胁或否定，但它也是新的量子范式最积极的基础。正因为量子事件的结果是不确定的，它的不确定性才支撑起一个不断发展进化的系统或具备各种潜能的形势，它提供了无限的创造力以及创新的可能性。因为量子系统的许多变量一开始就是不固定或不明确的，所以该系统可以在与其他系统、环境或人类事务共同交流的过程中自由地发展。它解放了我们的双手，让我们变得自然且灵活。因此，正如了解牛顿物理学的铁律可以让机器时代的领导者在确定性中茁壮成长一样，理解和学习量子物理学的原理可以帮助 21 世纪数字时代（即量子时代）的领导者在不确定性中不断地强大起来。

整体论

和量子这个词一样，"整体性"在流行词汇中也已有太多的用法，以至于它失去了大部分原本真正有力的含义。要想正确理解新的量子范式，我们需要知道量子是最小的能量单位，是宇宙中事件发生所需的最小能量，量子本身就是能量。对量子整体论的理解，对于我们在零距离的量子时代里有效地生活、行动和领导是必不可少的。

牛顿物理学以及所有受其启发的社会、商业和政治模型都是原子论的。原子主义思想家将分离且孤立的原子看作宇宙的基本组成部分，他们认为任何一个整体都可以被分解和分析成独立的部分（"原子"）以及作用于它们之间的力。通过完全分离事物，将其简化为更小的组成部分，可以从中认识什么是真正的事物以及它们是如何运作的。整体始终被认为是组成各个部分的总和。比如说，人的身体构成包括大脑、肺、心脏、肾脏等器官，或者简单来说，一个人是由他的头脑加上身体构成的。因此，一位顶尖医生会成为脑科专家、肺科专家，或是肾脏科专家等，患者患病之后就会被转介给相关的专家。比如，遭受压力的患者会被送至精神科医生或心理学家处，而患有胃溃疡的患者会由胃肠病专家收治。直到近年来，才有少数的例外。由此可见，西医对人的身心并没有系统的理解和认识。

相比之下，量子物理学认为量子是宇宙的基本组成部分，它告诉我们宇宙中没有所谓的分离，宇宙中的每一个量子以及由量子组成的事物都与其他的一切相互纠缠。除了这个与之纠缠的整个关系系统外，其他的一切都不是真正可知的。这是因为量子的“部分”通过这些关系获得了它们的许多特性。如果它们处于不同的关系中，它们就有可能具有不同的属性。此外，当每个量子部分与其他部分相联系时，它们都有可能具有更进一步的属性。在任何关系系统中，相比未组合前，“部分”的组合都会赋予其更多的或不同的特征或特性。量子整体总是大于其各个部分之和，该特性被称为量子涌现。这使得不断创造新事物成为量子世界的特征。生命是某些无机化学元素按照给定关系组合而成的一种涌现特征，人是一种由于身体各部位之间的关系而产生的涌现，而意识则被认为很可能是大脑运动过程中与身体之间的关系而形成的一种涌现。

因此，量子整体论认为整体比构成它的任何部分都更重要。一个整体论者总是整体地看待各种事物或系统，并知道对它们的任何真正理解都取决于对它们彼此之间关系的理解。这些对于我们如何理解团队和组织具有深远的影响。

亦此亦彼：波和粒子

牛顿物理学的最大挑战之一是无法判断光是一束粒子状的光子流，还是一系列波状光子图案，诸多实验所得出的结论有的支持前者，有的则支持后者。威廉·布拉格（William Bragg）是一位英国物理学家，曾荣获诺贝尔奖，他杰出的职业生涯横跨 19 世纪末和 20 世纪初。他曾表达过以下这样的困惑："光似乎在周一、周三和周五表现得像波，在周二、周四和周六表现得像粒子。"量子物理学用一句话极为有效地回答了这个难题，它说："每天都是周日。"光既像波又像粒子，而且在不同程度上总是同时存在，这叫作波粒二象性。每一个量子实体都是如此：宇宙中的所有物质都可以表现得既像波又像粒子。

量子现实亦此亦彼的本质也延伸到了空间和时间的位面上。亚里士多德和牛顿的逻辑都坚持认为一个粒子要么在这儿，要么在那儿；与另一个粒子进行相互作用时要么是此时，要么是彼时。量子实验室的实验证明了粒子及其相互作用是可以跨越空间和时间的：粒子可以同时在这儿和那儿，粒子间的相互作用可以同时是此时和彼时。同样的量子逻辑也适用于我们的陈述、决策和情绪。一个陈述可以亦真亦假，一个决定可以亦好亦坏。我们知道，我们可以同时对我们的生活伴侣或朋友又爱又恨；说汉语普通话的人也知道，一个词或一个短语总是可以同时表示多种意思；任何一个印度人都会告诉你"没错，我们开车既靠左行，也靠右行"。我们稍后将看到，量子逻辑的亦此亦彼性质会激发对于企业在规划和决策时优先考虑的重要问题的思考，并使我们开始反思"最佳方式""最佳产品"或"最佳服务"的意义。

物理学家告诉我们，我们生活在量子世界中，我们知道的所有事物都具有量子属性。实际上，波粒二象性不仅在非常小的尺度上是真实的，甚至在像我们自己或公司这样大的实体中也是如此。但是，如果我们将波和粒子亦此亦彼的本质作为我们思考的原理进行扩展，那么它也可以作为一个强有力的隐喻，让我们更好地理解人际关系的动态以及公司或其他组织的性质和潜力。在某些情况下，它被视为具有重叠波的特征，与我们周围的人和事物相互融合、共同创造；但在另外一些情况下，它能突显出来或退后一步，表现得好像我们是有边界的粒子，作为独立的个体行事。

量子非局域关联性

然而，更难理解的是，粒子在量子世界中也不是完全可以分离的。事实上，每个粒子都有波动特性，可以与其他粒子的波动特性纠缠在一起；这意味着即使是表面上分离的粒子也可能是非局域关联的，它们的运动或特征与其他粒子的运动或特征具有镜像般的同步性。

如果一个光源沿相反的方向发出两个不同的光子，直到它们到达这一长距离的房间的两侧末端，科学家开始对这两个光子进行指标测量，会发现它们的极性始终是同步的，即其中一个的极性总是与另一个的相反。奇怪的是，这些光子之间没有任何力或信号传递来告知它们彼此的状态，没有隐藏的线或弹簧将它们连接起来，也没有人事先告知它们采用哪种极性。光子似乎就是“知道”彼此在做什么。当科学家们首次预测到这种“量子非局域关联性”时，爱因斯坦感到很愤怒，并称其为“鬼魅般荒谬的东西”，他抗议说这将意味着光子具有心灵感应能力。尽管他是最早发现新科学的人之一，但他确实也是最讨厌量子物理学这一特征的人。在 20 世纪 70 年代后期，实验毫无疑问地证明了非局域关联性的存在，并且很快得到解释：尽管光子作为粒子在远距离测量时是分开的，而作为波它们却彼此纠缠在一起，再长的距离也不具有任何意义。即使光子在被测量之前已经到达了宇宙的相对两侧，这一点也适用。

如今，众所周知，量子非局域关联已成为我们日常生活的一部分。鸟儿眼中的电子之间的非局域关联性解释了鸟儿在迁徙过程中是如何保持成群模式的。这些关联性在植物光合作用中也起着关键作用，它们还可能很好地解释了人类的多种交流形式，例如群体行为，足球运动员在足球比赛中优美的、舞者般的同步动作，或者更离奇的像心灵感应和未卜先知这样的事。作为量子系统（包括 21 世纪工业所依赖的许多量子技术）的关键定义特征，量子非局域关联作为一艘旗舰，将我们载到了如今的零距离世界里，在这里局域性不再是问题了。

语境主义：关系至关重要

当我们在中学学习科学时，我们曾被教导：科学方法的第一步是将要研究的事物从它的环境中分离出来。这当中包含一个假设：分离失败会混淆或玷污我们对事物本身的了解。一个事物只有与其他事物分离时，才可能纯粹或真正地成为它们自己。但是量子科学完全颠覆了这种看法，它告诉我们没有分离这回事，一切事物都是相关的，与其他事物纠缠在一起，分离的概念本身就是错误的。如果一个量子物理学家想知道一个粒子或一个系统中的元素的性质，他必须了解它处在什么环境中，它与什么有关系，它在整个系统中扮演着什么角色。这就是量子语境主义的原理：事物永远不会是它们本来的样子，而会是它们在关系中的样子，它的性质和身份是由其所处环境和关系决定的。

在量子物理学中，双缝实验可以说是最著名的实验之一了，其实验结果以最大胆的形式阐明了量子现实的这种语境性质，也证明了光具有波粒二象性。在实验室里，一束光子指向一个不透明的屏障，该屏障有两个狭缝，科学家可以选择打开或关闭其中一个。如果只打开一个狭缝，光子就会以粒子流的形式通过，并“咔嚓、咔嚓、咔嚓”地通过屏障后面的粒子探测器（光电倍增管）。但是，如果科学家同时打开两个狭缝，那么光子会以一系列波的形式通过，并在波探测器上形成干涉图样（在屏障的另一侧也设置了白色屏幕）。从量子层面而言，光既是波状的，又是粒子状的，但从日常可见的现实水平而言，它表现为波状或粒子状，而具体取决于语境，即它的环境是一个开口的狭缝还是两个开口的狭缝。

在量子事物和事件中，这一语境主义及环境的性质使古希腊哲学和牛顿物理学的另一个神圣真理“因果定律”发生了转变。当我们想知道某事为什么会发生时，我们习惯于探究原因。我们会问：“是什么造成了这一争论？”“是什么导致公司倒闭的？”“是什么造成了金融衰退？”每一个“为什么”都建立在一个假设之上，即认为我们所质疑的事件或结果背后都有一个原因。量子物理学的发现告诉我们，这种因果思维是错误的，没有原因，只有关系。

事实上，根据量子物理学，现实的存在是因为关系的存在，是关系让现实成为可能。在构成宇宙万物的两种基本粒子类型中，玻色子和费米子本身就是关系粒子。玻色子组成了将宇宙和宇宙中的万物联系在一起的四种基本力——引力、电磁力、强核力、弱核力；费米子制成了粘连事物的纽带。正如柏拉图所说，两者及其之上的事物必有联系。

因此，量子范式的一个基本原则是不要问原因是什么，或应该是什么，而是要问在这种情况下其中的关系是什么？为了达成目的或改善我们的条件，我们不应增加或改变其原因，而应增加或改变其关系。显而易见，对我们大多数人而言，我们的生活质量取决于我们的关系的性质和质量，而一个社区或社会的状况良好与否也取决于其关系网络的质量。当我们讨论量子公司或组织时，我们会发现所有的人类组织，其本质在很大程度上都是关系系统，是更高级关系系统中的关系系统。就像物理学中关系本身就是现实一样，正是公司内部及外部关系的质量决定了公司的发展和成败。因此，系统思维将被视为量子领导力的一项关键能力。

由能量构成的宇宙

同古希腊哲学家德谟克利特一样，牛顿宣称一切都是由原子构成的，牛顿的原子被形象化为一个微小的固体，像一个微型台球，其边界坚硬且难以穿透。正如牛顿所说，原子是宇宙及所有事物最基本的构成要素。随着牛顿科学范式成为西方思想的普遍范式，牛顿的原子被隐喻为各种事物，包括各种植物、动物、人类的心理、人际关系、社会、市场、公司等的基本构成要素和结构模型，直到量子物理学和量子场论把原子论拉下了神坛。

量子科学告诉我们宇宙及其所有事物实际上都是由能量构成的。量子宇宙的起源和基础——量子真空（Quantum Vacuum），本身就是一个静止的能量场，像一个平滑如镜、没有波浪的海面，是所有能量场的能量场。所有现存的事物，如“物质”的基本粒子、恒星、行星，包括我们自己、我们的关系、我们的公司等地球上的一切生与死都是这片海域之下漾起波浪的能量。每个现存的事物都是一种动态的能量模式，是量子真空中或由此产生的众多其他能量场中的波动。物质本身，包括我们这样的物质实体，实际上只是极其密集、高度压缩的能量模式。量子物理学告诉我们，宇宙不是由物质原子构成的，而是由能量量子构成的。能量量子是可以使任何事物发生或存在的最小能量，是一切事物不可或缺的基本构成要素，原子本身就是由量子构成的。

当我们浏览本书的其余章节时，会发现一个革命性的事实——每件事和每个人都是一个能量振荡的动态波，在普通、共享的量子真空能量海上荡漾。这一事实在我们对新量子范式的理解中将扮演着重要角色，它改变了我们曾经思考过的事情，如人类的意义，人类如何工作、生活、领导和管理公司，或更确切地说，我们该如何理解公司。

“真实”潜力的宇宙

在平时的表达中，当我们谈论一个人或一个系统的潜力时，我们指的是未来可能会发生的事情、尚未展现的某些能力或用途。我们可能会说“这个学生没发挥出他的潜力”或者“我们的员工潜力巨大”，这两种说法都意味着还有能力或是资源待挖掘。“量子潜力”的确具有某些相同的含义，但它更强调的是量子系统的属性，即存在于此时此刻的属性，内置于系统中的属性，任何情况下涉及系统都会被视为活跃的属性。量子系统的潜力可以解释该系统的运作方式，解释该系统对其他系统的影响，以及该系统在不断发展的形势中扮演的角色。因此，在量子物理学中，就如我们所说的现实，潜力也是真实的。

量子物理学家戴维·玻姆将现实描述为两个层次，他称之为隐秩序和显秩序。顾名思义，隐秩序是被隐藏的，是始终具有隐含意义的；显秩序是实际可视的，是此刻显现的内容，即毫不隐晦的。在玻姆的模型中，隐秩序是量子潜力的世界，万物皆有可能；显秩序是日常感知和经验的世界，无限的潜力中只有一种能够上升到我们通常所能达到的水平——现实。因此，就像量子真空本身一样，隐秩序是充满可能性的一片海，而显秩序是在那片海上突起的浪花。正如大海和海浪是一种连续介质，一个事物内在的潜能是其外在表现的基础。

回到本书前面所举的“薛定谔的猫”的例子，在隐秩序世界（未打开的盒子内）中，猫既是活的又是死的，就像光（一束光子）的量子本质同时为波状和粒子状。但是，当我们打开猫的盒子，在显秩序世界中观察猫时，它要么活着，要么死了；当光通过一个或两个狭缝进入时，它要么成为粒子流，要么成为一系列波。

事实上，当它们存在于隐秩序世界中时，“薛定谔的猫”以及“双缝实验的光束”不只有两个可能性，每个元素对于它在隐秩序世界的表现方式都有无限的潜力。隐秩序中的所有事物都是一种叠加的、矛盾的潜力波，每一种都显示出一系列可能的结果，而这种概率波或是说波函数在著名的薛定谔波动方程中有所描述。宇宙中的所有事物，包括你和我，甚至我们可能管理的公司，都具有波函数。在我们生命的一个层面里，我们每个人都是一股潜力波，等待着被挖掘，然后以这样或那样的方式显现出来。

直到 21 世纪，大多数量子物理学家都认为只有一种潜力可以显现出来，由于某种未知的原因，薛定谔的波函数坍缩了，许多潜力似乎都进入了显秩序世界，成了一种现实。这种显性波函数的坍缩是一个巨大的未解之谜，甚至有些人认为，这也许是由量子理论本身的不完整性或错误导致的。但是今天，绝大多数物理学家都承认波函数实际上并没有坍缩。许多人遵循多世界诠释，也就是说所有的潜力都表现为真实的结果，但每个潜力只是在一个平行世界表现出来，每当波函数面对一系列不同的可能结果时，现实就会分裂成不同的世界。因此，可以说薛定谔的猫在一个世界里还活着，在另一个世界里则死了。

许多物理学家认为多世界诠释是一种形而上学的无稽之谈。相比之下，我们更喜欢戴维·玻姆的观点，波函数散布成了一个完全实现的可见结果，该结果最有可能是由于波函数与周围环境的相互作用而产生的，也散布成了一个部分实现结果的其他伴随序列，这些结果都处于一种交互式的对话之中，因此都会对局势产生积极的影响。在这种波希米亚式的观点中，潜力永远是现实的隐藏面。我们的样子，正在做的事情，总是与我们可能成为的样子或者可能要做的事情联系在一起。在整本书中，我都会贯彻这种波希米亚式的观点，它在我描述量子自我、量子组织和量子社会的本质和动态方面扮演着重要的角色。

海森堡的不确定性原理：问题创造答案

哲学家和科学家有时都想知道，我们究竟对基本的物理实在了解多少。他们提出了一个问题：模棱两可和不确定性是不是现实世界的固有特征，还是说我们对现实的了解总是不完整的或出于某种原因总是存在局限的？量子物理学中最著名的原理——海森堡的不确定性原理正是要解决这些问题。对于领导者来说，了解这一点很重要，因为它对我们如何理解和管理组织具有重要的影响。

与行为经济学这门新科学对市场的看法一样，量子现实是一个奇怪的、不确定的、神秘的领域。我们越是试图确定它并将其合理模型化，就越难理解它。不确定性原理告诉我们，我们必须始终如此，因为量子现实本身就是不确定的，所以我们在试图了解它时，不能半途而废，要不断地满足于每次悟到的那部分真理和模糊性。

牛顿物理学认为粒子总是既有位置又有动量。它应该始终处于某个地方，并且始终在以一定的速度行驶。但是由于量子世界的奇特性，我们永远无法同时知道这两者。如果我们测量或专注于位置，那么动量会变得模糊且不确定；相反，如果我们测量动量，那么位置就无法确定。在这一点上，粒子具有的其他互补属性也是相同的：波和粒子，能量和时间，连续性和间断性。当我们将注意力集中在任何一对属性中的其中一个时，另一个属性总是会变得模糊和不确定。

玻姆后来指出，这与我们人类有意识的关注是一样的。例如，如果我们面试求职者，我们可以问他们一系列详细的事实问题，制作一份涵盖他们技能和以往工作经验的评测报告；但是当求职者离开房间时，我们对他的个性和人格依然不会有太多的了解。或者恰恰相反，如果我们把面试当作一种非正式谈话，以了解他们是什么样的人，那么当求职者离开房间时，他们会觉得我们对他们的实际情况所知甚少。在组织中，我们经常发现我们必须做出选择，一面是严格的规则和结构，一面是让事物创造性地自我组织。严密的结构确实能赋予我们控制权，但同时也让我们失去了创新的好处。

领导者可以从海森堡的不确定性原理中学到另一个或许是最重要的经验，即我们提出的问题会给我们答案。不同的问题会有不同的答案。更重要的是，我们要看到，提出好的问题就像把一个桶扔进一个充满潜在答案的井里，然后用绳子把一些答案捞出水面。但是考虑到观察者与被观察者之间，问题与答案之间在量子物理学中的共同创造关系，我们可以看到，提出好问题的艺术更像是把那桶扔进量子潜力的海洋，然后提起一桶新的现实。问题不仅仅能获取答案，更会创造答案。因此，我们之后会看到，量子组织是一个鼓励问题、培养问题以及不断质疑的组织。

一个参与式的宇宙

现在，许多人感到无能为力的原因之一是，我们觉得自己对这个世界的事态发展几乎没有或根本没有影响力和控制力。即使在实施民主选举的西方国家，公民通常也会有这样一种感觉：他们的选票并不真正算数，要么是体制受到了操纵，要么是他们选出的政客无法兑现自己的承诺。在牛顿的物理学中，这种无力感在宇宙的尺度上是有根据的。在他的机械宇宙中，根本没有我们的位置，没有我们的意识、我们的意图、我们的希望或梦想。在一个完全由铁律控制的宇宙中，像我们这样有意识的生物是意外出现的旁观者。我们可以退一步观察外面的世界，但我们的观察对我们观察到的东西没有丝毫影响。物质世界有自己的现实，遵守自己的法则，不论观察者看到的、做的，还是观察者的存在都无足轻重。

量子物理学的发现改变了这一切，人类的意识和意图是宇宙的中心。这不仅指宇宙的运行原理，还指宇宙中存在的一切事物。我们知道一个科学家设置实验装置的方式会决定实验结果。量子观察者站在他们自己的观察中，这些观察本身在他们眼中的现实里扮演着积极的角色。从量子科学的视角出发，观察者及其观察到的事物是一个整体，是共同创造的伙伴关系。在某种程度上，量子观察者创造了他们观察的世界。

隐秩序中未被观察的世界有着众多的可能性。我们看到薛定谔的波动方程描述了无限可能的状态，任何量子实体都可能出现在其中。只有当波函数与环境中的某物产生关系，而这种关系又会使波函数的一种可能性在日常现实世界的显秩序中凸显出来时，所有的可能性才会成为现实。这些单纯的衡量行为，比如说进行一个实验观察，提出一个实验问题，是使一个量子实体存在的开始。不同的衡量类型决定了在隐秩序无限可能性的海域中打捞起的现实。换句话说，观察者看到了他们所要寻找的东西。正如我们从海森堡的不确定原理中学到的，我们提出的问题为我们提供了答案。

因此，量子物理学告诉我们，我们生活在一个参与性的宇宙中，我们提出的问题，所做的项目、实验，甚至是我们的个性创造了我们生活的世界。这对我们在世界中扮演的角色以及我们对世界承担的责任产生了深远的影响。我们将在后面的章节中更全面地探讨这些内容。

第3章
什么是量子管理

泰勒主义是所有现代管理理论的基石，其灵感和组织模型来自17世纪牛顿物理学的思想和原则。正如牛顿将宇宙视作一台巨大的机器，泰勒也极力主张将组织看作一台运转良好的机器，由原子式相互独立的部门组成，它们由上层控制，并遵循明确的官僚规则。相比之下，量子管理则是从量子物理以及所有量子系统自我组织的基本原理获得启发的。它提出，最好将组织理解为一个有意识的、有生命的系统。此类由包括我们在内的所有有机生命组成的活性量子系统被称为复杂适应系统，它们是整体性的，通过系统构成要素内部以及内部与外部环境的共创性对话，不断地演变进化，重新定义自身；它们也是自组织的，任何来自外部或上层的强行控制都会分离系统的内部组成，破坏系统的创造性。因此，我们将在下一章中看到，当我们将量子管理理论应用到现实的商业实践过程中时，不仅需要放手管理和采取非引导型的领导方式，还需要消除令人窒息的官僚主义。

鉴于量子管理面对的是人类系统，所以相关理论认为，组织中人的目的、价值、愿望、动机以及新兴的组织文化必须被视为系统动力中的一部分。这是量子物理和量子管理区别于牛顿物理和泰勒式管理十分重要的一点。在古希腊哲学中，亚里士多德的因果理论在解释任何事件的动向时，都包含了最终因或目的，甚至物理系统也包含了相关动机和价值的含义。但是现代哲学和牛顿的机械式物理均遵循着笛卡尔“肉灵分离”的假设，物理系统只是被视作事件的形式、功能和结果。在泰勒式管理中，公司具有机器般的形式和功能，它唯一期望的结果就是产生利润。相比之下，量子物理学则消除了物质与意识、实验结果与实验者意识或实验目的之间的界限。在这种趋势之下，我们逐渐看到公司的量子领导者开始发问：“我们的目的是什么？我们的价值观是什么？我们的员工必须受何种动力的驱使？”我们除了追求利润外，还应基于更广泛的道德和伦理考虑，这些考虑源于公司对其员工、顾客和周围环境（包括社会和自然）的责任（见表 3–1 所示）。

表 3–1　　量子系统与复杂适应系统的区别

量子系统	复杂适应系统
自发性组织	自组织
非决定论	有限不稳定性
涌现性	进化性
整体性	整体性
语境主义	与环境对话：自适应
潜力	进化突变
波函数“坍塌”	外部控制：破坏性
海森堡的不确定性原理	探索性
创造新的现实	重构环境
消极和积极的宇宙力量	从混沌中恢复秩序

续前表

量子系统	复杂适应系统
驱动朝向复杂性	进化性：驱动朝向增长
涌现性	涌现性
退相干	外界控制：破坏性

人类系统的最佳状态：自然系统

与牛顿范式中的所有事物一样，泰勒式公司将自身视为人造的产物，脱离了自然及其“道”，它们将自然视为取之不尽、用之不竭的资源，将自己视为一座孤岛，每家公司都在追求自身的最大利益，全然不顾员工以及周围社区，包括本地、国家以及全球的需求，对地球环境产生的影响也熟视无睹，甚至连顾客的需求也成了可以操纵和开发的资源。在最好的情况下，公司也只是一台运转良好的机器，由中央机构控制（自上而下的指挥控制型领导方式以及由严格的官僚结构和规则体系进行调节）。泰勒式公司中的一切都有相应的位置，取得的利润越高，股东价值越大，所居之位便越高。

现在，我们看到这些泰勒式公司在一个充满不确定性的、快速变化的和不可避免的全球互联性世界里挣扎着，而且屡屡失败，其面临的外部因素包括气候和经济不稳定、健康问题和流行病以及遥远地区和国家的社会经济状况，所有这些都会影响顾客的选择、需求以及可用性。在内部，这些公司也在与员工做斗争。现在的员工通常受过良好的教育，不仅追求更高的薪水和工作环境，还追求无形的价值，例如目的、意义和更多实现自身潜力的空间。员工流失率会越来越高，成本会越来越大，罢工会越来越具有破坏性。在当今零距离的世界中，那些旨在从内部创造并保持孤岛式隔离、与周围所有事物保持安全距离的公司是无法维持下去的。

量子范式告诉我们，一切都是相互纠缠的，一切都是系统，是系统中的系统。我们人类系统并非独立于自然，与自然的独特构造也没什么不同，从各方面来讲，它都是自然的一部分，与自然系统本身的健康、平衡、活力息息相关。如果自然系统失衡生病，那么人体也会随之生病；同样地，当这些“病人”成为雇员和顾客时，自然就不能满足公司和依赖它们的经济体的需求了，因此公司也会“病倒”。如果公司倒闭，那么工作机会和税收减少，个人的生活质量下降，社区的社会结构会受损，经济会遭受影响，最终将导致整个人类系统都承受着巨大的压力。万物互联，系统中的各个要素都依赖于整个系统的平衡和健康。大自然十分“清楚”这一点，这也是公司领导者需要学习并做出相应反应的一点。

量子管理理论认为，像公司这样的人类系统只有在被领导、管理和构造成像自然系统那样运作时，才能发挥最佳作用。实现这一目标的原则正是上一章中概述的在所有活性量子系统中表达出来的八个量子概念，这也与复杂适应系统的自适应、可持续性和创造性原则相一致。量子管理理论承诺，如果像公司这样的人类系统遵循复杂适应系统的组织原则，通过内部公司系统元素（员工需求、技能潜力、公司领导、公司结构、公司文化、研发与研究）和外部环境系统元素（技术发展、社会政治环境、地球环境、可用资源、顾客需求和市场潜力）的共创性对话，提供使公司适应内外系统的提示，公司也能实现可持续性和创新性的发展。简而言之，我们可以完全科学地管理量子组织。

量子管理的定义原则

» 自组织

量子宇宙本身就是自组织，没有自上而下的蓝图为宇宙制订创造和进化计划。每一种新的创造性关系都是在已有关系的基础上发展而来的，并根据周围的环境做出相应的变化。宇宙进化的方向或方式（目的）会创造出前所未有的复杂性、更多的秩序以及更多的信息。也就是说，复杂性科学所发现的复杂适应系统支撑着所有有机生命体，包括我们自己的身体，它们根据自己的内在逻辑生长，以自组织、自适应的方式进化，从而确保可持续的生存、增长以及创造力。系统的每个要素都与所有的其他要素保持协调一致，并不断地适应内部系统的变化和需求，以及周围环境中的外部系统要素，如温度、阳光以及资源。这些有机的复杂适应系统包含量子物理本身的所有基本设计原则，而出于一切实际用途，它们均为活性量子系统。

正如上述内容，只要允许复杂适应系统以自身的自组织方式生存和发展，它便始终按照指定的生命周期自我维持和成长，这就是它的目的。但是，如果该系统受到任何形式的外部控制，系统的组成要素就会彼此分离，并失去自身的自组织能力。之后系统便会生病，进一步走向死亡。相反，自然系统中没有官僚主义，也没有自上而下的控制。

复杂性理论家们目前正将复杂适应系统的原则应用到诸如经济、公司和城市等人类系统中，这表明当这些系统以自然适应的方式进行自组织和进化时，它们才会发挥最佳的作用。这对量子管理理论至关重要，因为它讨论了量子公司、量子社会和量子城市中的领导、结构和管理，它主张摆脱自上而下的控制和官僚结构。这也符合我所说的量子领导力中的一个重要原则：放手！

在后面的章节中，我们会更深入地了解到，人类系统中的关键要素是人类的目的、价值和动机。积极的目的、价值和动机会为系统注入正能量，并确保系统的可持续性增长。如果这个系统是一家公司，其内部会是和谐一致的，能够自然而灵活地适应其外部环境面临的挑战和机遇。但是，如果驱动企业的目的、价值和动机是消极的，那么由此产生的负能量会被注入系统，导致企业内部不和谐或脱节，从而减弱其外部适应能力。因此，任何在一个真正的公司、城市或社会中进行量子管理的尝试都离不开目标、价值和动机的效用，不管是在领导层还是对于每个员工或公民。这些东西显然都属于企业文化的范畴，因此在创建量子公司的过程中，应优先考虑建立强大而积极的企业文化。

» 整体论及系统思维

我们看到，在量子宇宙中，万物相互联系、相互纠缠，包括偌大宇宙整体量子系统在内的每一个量子系统都在遵循着零距离的原则。我们总是从属于更大、更系统的整体，在我们的内心蕴藏着驱动系统发展的原则和满足系统需求的奥秘。如果想实现自我一致性，我们就必须与更大的整体保持一致，整体的自组织智慧保证了整体与我们的实际需求的一致性。我们始终是系统的一个要素，如果我们要以一种能确保可持续性和增长的方式生活，那我们就必须借助系统智慧来做到这一点。

对于公司而言，内部系统包括所有员工及其技能、知识、才智以及不断适应、发现、创造和成长的潜力。只有员工的最大利益，如健康、安全、报酬以及在工作中寻找意义的能力有所保障，才能确保员工的生产力以及对系统的忠诚度，继而确保公司的可持续性增长。员工与公司之间相互牵连，相互影响，若员工遭受痛苦，整个公司系统也会随之遭受损失；若整个公司系统不能实现可持续性发展，员工也会受到影响。因此，量子整体论及系统思维赋予了“我们荣辱与共”这一表述真正的意义。

任何公司系统都是嵌在更大的外部系统中的。泰勒式观点认为，公司本身是一座孤岛，领导者只需要考虑股东的利益，实际上这种观点就像牛顿原子论一样早已过时。公司的外部系统（即生态系统）明显需要考虑顾客的满意度和忠诚度，而这取决于产品和服务的质量以及顾客的负担能力。在后新冠时代，即使是最狭隘的商业领袖也应该意识到：许多外部因素可以直接影响一个公司的生存和成功，例如社会乃至全球社区的健康与稳定、变幻莫测的气候、人口迁移模式和法规、全球稳定与合作，甚至是与竞争对手的某种程度合作的需要。今天，仍有一些商业领袖几近咆哮地吼道："我的义务只是经营公司，不要再告诉我什么拯救世界也属于我的分内事！"这句话正是本书的核心讨论点，也是我写这本书的主要原因。在量子时代的零距离世界中，领导者经营公司的方式对整个世界的系统都有着极为重要的影响，这将决定系统是经历可持续性和增长还是遭受病魔侵袭甚至死亡。

不可否认的是，商业领袖的首要义务是经营公司，使其盈利。但整体论告诉我们经营的方式、企业文化中的目的、价值观以及动机都将反映到公司的决策和绩效中，加上有关公司的服务和服务对象以及公司在更大的生态系统中扮演的角色等问题，所有这些最终都会影响公司的成功和盈利能力。正如只有当每个员工都可以发展良好时，公司才能兴旺发达；反之亦然，只有整个世界的系统都在蓬勃发展时，公司才能实现可持续性和增长。"我们荣辱与共。"

» 关系至关重要（语境主义）

我们在上一章中得知，量子宇宙并非由因果关系构成，而是由各种关系创造和支配的。公司领导者应该询问"我们的关系出现了什么问题”，而不是询问“是什么导致了问题”。当公司战略家制定预期目标时，他们应该询问“我们需要建立什么样的关系来实现这一目标”。如今的相互联系和相互依赖的世界使得“零距离的量子纠缠”成为日常的现实，紧密合作、互惠互利的关系成为内部和外部系统成功的必要条件。因此，量子管理要求企业摆脱孤立的部门和职能间的边界和界限，摆脱等级制度，摆脱官僚主义的束缚，摆脱韦伯的“铁笼”。这对如何实施量子管理也有着结构性的影响，我们该如何设计零距离的公司呢？

» 实验（海森堡的“提问”）

我们需要牢记一件事，在量子物理中，问题创造了答案。我作为发问者，存在于此时此刻的显秩序中，但我的问题却是要从量子隐秩序的无限潜力中找到一个可能的答案。当我提出不同的问题（用不同的方式设置我的测量仪器）时，我会得到不同可能的答案。因此，问题越多，创造的答案或新的现状和结果也就越多，提出问题就如同将空桶扔进量子潜力的井里，然后提起一桶答案之水。

所有科学自身发展的驱动力在于不断地提出问题，通过不断地实验来寻求这些问题的答案。从这一点吸取经验，科学的量子管理建议公司员工不断地提出许多问题，这些问题可以采取思维实验的形式，形成一系列可能的决策，也可能形成对新产品、服务、市场或供应链的实际实验。以这种方式追求多重问题，不仅会激发创造力和创新，也一定会分散风险。如果一家公司将大量产品或服务投放到大量试销市场中，而不是“把所有鸡蛋放在同一个篮子里”，那么公司对于一系列可能的决策或战略也应该如此。未来是不确定的，黑天鹅事件是经常发生的，市场喜好是变化无常的，我们要做的是对这些不确定的结果做好充足的准备，借助不确定性蓬勃发展，而不是一味地害怕它。这也正是现在领导们谈论如何让公司敏捷化的核心原因。这一量子管理原则对构建量子公司的最佳方式具有十分重要的影响，我们将在下一章更深入地探讨如何在一个现实的商业模式中实施量子管理。

» 正确使用能量

量子宇宙及其中存在的一切，包括我们自己和我们的社会系统都是由能量构成的。本书的观点是我们应该将公司也视为能量系统。任何能量系统都可能会受阻或失去平衡，这在公司中也时有发生。中医将人体看作“气”的能量系统，针灸治疗的目的是清除“气”的流通障碍，从而使人体恢复健康。虽然我们不能将针灸的针应用到公司系统中，但我们可以通过识别公司内部的能量流地图，观察系统能量可能被堵塞的关键点，研究其发生的原因，以此实现相同的效果。宇宙中存在着一个消极的、破坏性的能量来源——熵，它可以拆分系统，打破秩序，形成混沌。还有一个积极的、创造性的能量来源，它能促进新的关系的形成，脱离旧的秩序，创造新的信息。在热力学系统中，秩序生于混沌，因此即使是负能量，在得到适当的引导和转化时，也会发挥创造性的作用。我们将在第 6 章中看到，从事“影子工作”的心理学家和咨询师认为，我们性格中不那么吸引人的特征也可以成为积极转变的源泉。

在公司和社会这样的人类系统中，系统的能量驱动器正是驱动我们行为的动机。像贪婪、恐惧或愤怒这样的消极动机会消耗公司的能量系统，从而导致公司功能紊乱。当我们在第 8 章中详细研究动机量表时，我们将会看到这些消极动机主导着企业的经营文化。但在量子公司中，所有员工与公司本身积极的目标感和更高的价值观保持着一致，贪婪可以成为内在动力，恐惧可以成为优势，愤怒可以成为合作的愿望。简而言之，通过让公司系统的所有员工践行和发扬集体的目标感和价值观，可以将负能量转化为正能量，将功能紊乱转化为同步性及成功。接着，公司能够发挥与复杂适应系统一样的功能，变得既可持续又有创意。实现这样的能量转换，得到平稳的系统能量流，是量子管理的重中之重。它需要一开始便注重持续保持和提高员工以及领导的动机，使之处在动机量表积极动机的顶端，再时刻观察并理解这些积极动机转为消极动机的时间点及原因。

公司与其顾客或用户，甚至与他们开展业务时所处的更广阔的社会共享着一个能量场。如果员工士气低落或动力不足，那么这种负能量会通过较差的顾客服务和低质量的商品或服务影响顾客的体验和满意度。同样，由于公司的所有员工也属于更广阔的社会，因此，社会的动荡不安或集体抑郁感同样会影响公司员工的士气，从而影响其正常运作。公司可能会通过建立强有力的合作、信任、积极的内部文化来防止这种社会污染，这反过来又可以作为治愈力量回流社会，就像一个非常积极乐观的人可以激发和鼓励一群无精打采的人一样。我们应该记住一件事情，在我们所处的量子世界中，因为万物互联，所以万物互相影响。

» 没有不重要的人

正如参与式量子宇宙所示，在单个量子系统和复杂适应系统中，系统的每个元素都有其独特的重要作用，它们都有着自己的使命。如果缺少任何一个元素，系统便会有所不同，进而可能会功能紊乱。当原子中没有质子，人体中没有肾脏时，它们都将无法生存。正如复杂性科学家杰弗里 · 韦斯特（Geoffrey West）所说："在没有完全理解复杂适应系统多层次时空动态的情况下，只改变其中一个组件，通常会导致意想不到的后果。"

这在量子管理中的等效原理是，没有不重要的人，也没有不重要的工作。这是非层级结构量子公司的一个重要意义。如果没有私人助理，没有秘书或司机，CEO 将会不知所措；如果没有清洁工，办公室就会变得脏乱不堪，尘土飞扬；如果打扫不干净，上厕所就会很不舒服；如果没有厨师，公司里的每个员工都将面临挨饿；如果没人洗碗，厨师就无法工作。讽刺的是，往往是这些“小人物”“隐形人”会观察或注意到他们的“上级”不知道的事情。他们不经意间听到谈话，目睹事件或行为的发生，有时他们甚至会设想问题的解决方案，提出使整个公司系统更有效地运作的想法。如果他们也被纳入公司的使命和目标感中，如果他们的价值和潜力得到认可，他们就能成为将公司凝聚在一起的黏合剂。量子社会也是如此，如果人民安康，那社会自然会繁荣。

» 目标感

量子宇宙具有明确的方向感。通过不断在构成要素之间建立新的关系，它总是在形成新的秩序，产生新的信息，变得越来越丰富并实现新的潜力。复杂适应系统也具有明确的方向感，它们意在不断地发展成长的同时保持可持续性，与这种增长驱动力相对应的量子管理体现在公司的目标感上。这家公司为什么存在？它是做什么的？它的使命是什么？它为谁服务？在回答这些问题时，拥有明确目标感的公司是正直且具有意义的。公司虽然人数众多，活动多样，但共同的企业文化和目标使他们像磁场中的金属元素一样“凝聚”在一起。目标感能渗透到公司中的每个人、每项活动、服务和产品之中，就像量子真空的基态能量场渗透到宇宙中存在的一切事物一样。它是所有船只航行的“海洋”，罗盘指向真正的北方。就像量子真空本身一样，目标感是一片潜力之海，是公司成长和发展的标志，也是顾客或用户可以辨别并给予忠诚的品牌。在量子社会，这种共同的意义感和目标感将社会成员凝聚在一起，并驱动其能量。它赋予标志含义，为习俗奠定基础。

最后，正如我在序言中所说，量子管理不只是另一种管理理论。它首先是一种新的管理范式（见表 3–2 所示），同时也是一种基于价值观和道德原则的人生哲学和生活方式，它提供了一种完全不同的思考方式，即作为一个人，一个雇员，一个领导者，一个公民意味着什么。它改变了我们对组织的看法，甚至能改变我们对工作本身性质的看法。

- 量子管理是有意义的管理；
- 量子管理是动态的管理；
- 量子管理是敏捷的管理；
- 量子管理是伦理管理；
- 量子管理是目的管理；
- 量子管理是零距离管理。

表 3–2 各种管理范式的特点

牛顿式	泰勒式	量子	量子公司
机械式	公司：机器	自适应系统	有意识的活性系统
原子论	筒仓式职能	整体性；量子纠缠	网络化组织
决定论	科层制；教条约束	自发性；自组织	自组织
波和粒子，非此即彼	粒子式；劳动分工	波和粒子；亦此亦彼	员工：个体及团队成员
唯一最佳方式	唯一最佳方式简单、单一视角	多重潜力的叠加	多功能团队复杂、多重视角
被动适应力量	被动性	与环境对话	响应性，敏捷性；自适应
观察者：被动见证者	被动员工生产单位	参与式宇宙	员工：共创性伙伴
孤立的	公司：与环境隔绝	语境主义	与环境和用户对话；生态系统
绝对的	领导者：没有疑问	海森堡：问题决定答案	鼓励提问

第 4 章

人单合一模式

中国的海尔集团是世界上第一家实施量子管理的大型跨国公司，其人单合一模式的成功证实了量子管理理论在企业中实践的可行性。有一些公司目前也开始纷纷效仿海尔这一开创性的举措，通过对人单合一模式的调整来实施量子管理。对一个理论而言，只有当它付诸实践并产生实质性结果时，它才具备最大的价值，因此我们必须在此认真地讨论人单合一的起源与本质，并将其视作量子管理实践的典范，它所体现出的量子管理理论能够适用于众多的领域。这本书将真切地传递出我的信念，我相信人单合一模式正以一种积极而有意义的方式让这个世界变得更好。

海尔是全球最大的家电供应商、物联网行业的领军者，仅在中国就拥有超过 7.5 万名员工，在全球其他国家也有 2.7 万名员工。但如今真正让海尔享誉全球的是其极具革命性的人单合一管理模式。确实，由于这种模式支持近乎无限的扩张，海尔的业务从简单的家电制造开始，相继涵盖了服装、食品、农业、生物技术和医疗保健等领域，而且这种扩张仍在继续。近年来，传统管理模式下的泰勒式企业发展持续低迷，年增长率仅为 1.3%；相比之下，自 2012 年开始全面实施人单合一模式的海尔，却实现了年增长率 23% 的突破。在新冠肺炎疫情期间，除某些大型电商企业外，全球几乎每一家大型零售公司都惨遭重创，但人单合一模式的独特功能让海尔在 2020 年 2 月中旬便恢复全面生产，在其他公司还在因危机蔓延而业务缩水时就已实现了利润增长。

人单合一模式的总设计师是海尔集团的 CEO 张瑞敏，他被自媒体“企业叛逆者”（Corporate Rebels）称赞为“现代世界一流的管理战略大师”，他的人单合一模式被认为可以在任何行业内得到普遍应用。我认为人单合一模式的含义更宽泛。人单合一模式是由平台提供服务并以共同的目的联合起来的自组织、自治和自驱动的小微企业网络，其相同的价值观及战略远见构成了这一极具革命性的组织模式，其本身十分契合量子时代的现实。

在本书后面的章节中，我将会阐述人单合一模式提出的一种新方式，它可以帮助更多个体实现自身的潜力，组织和治理城市与社会，甚至是教育子女，这种方式也许会奠定新的全球秩序。我也认为，人单合一模式的组织原则结合了东方（和谐的集体主义）和西方（动态的个人主义）的思想精华，同时也抑制了它们各自的弊端，从而使其成了更大范围内的东西方相互理解合作的潜在工具。

人单合一模式

在海尔，“人单合一”是指“员工的价值实现与其创造的用户价值合一”，它强调在共赢关系中合作伙伴间的协调一致，这对人单合一更深层次的哲学根基至关重要。道家有一句名言“天人合一”，它强调模式对各类“合一”的保证，这反映了道家观念，即当人与自然合一时，这种“合一”会为人类活动带来力量，为人类文明带来最大程度的利益与和谐。这种和谐思想是中国古代哲学的基本精神，是几千年来中国式偏好的根源，如今仍具有极为重要的现实意义。中国一直在商业和外交中寻求双赢的解决方案，我认为今天西方社会依然没有正确地理解这一点。

作为人单合一的灵感来源，天人合一及其“天、地、人”三位一体的元素或许可以解释为什么张瑞敏在构想模式的同时，也在寻求科学方面，尤其是量子物理学和复杂性科学的启发和引导。道家哲学思想认为，宇宙万物中存在唯一的“道”，它是统治宇宙中一切运动的法则，就像现代科学认为宇宙万物都遵循物理定律一样。复杂性科学家杰弗里·韦斯特在其著作《规模：复杂世界的简单法则》（*Scale: The Universal Laws of Life, Growth, and Death in Organisms, Cities, and Companies*）中指出存在“宇宙、有机体、城市和公司的统一法则”，这也许是新冠肺炎疫情期间医生对从政者的建议——“尊重科学”，对公司领导者的建议也应如是。尊重科学是这本书的前提，也是人单合一模式的基础。

人单合一模式体现了对道家哲学以及量子哲学的深刻见解，如“我们生活在一个万物互联且零距离的互相纠缠的世界里”，再如“一个系统的蓬勃发展是建立在各个部分蓬勃发展的前提之上的”。在这层理解下，“人单合一”的意思是只有当客户（单）享受公司产品或服务创造的价值（合一）时，公司员工（人）及公司本身才能实现自己的价值分享。借用彼得·德鲁克的话说就是，人单合一模式也被称为“零距离模式”，适用于任何量子管理模式。

正如量子管理本身，人单合一模式也秉承了一系列领导哲学、人生哲学和价值观。人单合一基于的哲学原则体现了对人类尊严、个人自主权的深切敬意，以及对一种信念的坚定，即相信每一个个体都是独一无二的，当给予个体一定的权限与自由时，每个人都有潜力创造出自己独特的价值。在牛顿式或泰勒式公司中，员工被视为管理的工具和资源，只可奉令行事，从而剥夺了员工的尊严、自主权以及潜力，这不仅使他们丧失了在工作中寻求意义和乐趣的可能性和目标感，而且也让公司丧失了发展的潜力，其中就包括员工潜在动机的丧失会导致公司生产力下降。人单合一模式的整个结构旨在在实践中贯彻“自主”这一哲学原则。接下来，我们将研究人单合一模式每个原理的一般特征，并观察它们是如何在实践中体现量子原则的。

颠覆牛顿式或泰勒式结构

张瑞敏表示，他之所以想推出一种新的管理模式，是因为他坚信传统的管理理论已不再适用于当今社会，必须对其进行革新。泰勒主义以及亚当·斯密所赞扬的劳动分工是机器、蒸汽机和内燃机时代的产物，是为更简单的、原子式的、更确定的，因而也是更可预测的时代设计的，那个时代因这种技术而变得富有。机器是按照蓝图设计的，由简单的独立零件组成，并按照简单、固定的规则运行。仿照机器建立的许多公司和组织从上至下进行设计管理，并基于科层制的铁律将其结构化为孤立的职能，这些职能再由奉令行事的员工（良好的机器）来实现。但正如我们所见，21 世纪是一个充满不确定性的、急速变化的以及互联的时代，是互联网和物联网的时代，而量子技术及其所有关联的复杂性推动了这个新时代的到来。此外，今天的员工拥有更高超的技能，享受了更优质的教育，相比单纯的机器人，他们拥有更多为公司服务的潜力。

像互联网这样的量子技术，正如其所基于的物理科学，通过本质上的互联性消除了边界和界限，由此意外地产生了自组织，并在此基础上蓬勃发展。量子技术具有持续产生突发性和不可预测的破坏性的无限潜力。因此，这要求管理模式本身具备足够的灵活性和强大的自适应，以吸收不确定性和持续破坏的冲击，并在机会中茁壮成长。因此，张瑞敏说："在不确定的未来，一切管理皆为量子管理。"这也就是为什么说人单合一模式是实现量子管理的绝佳手段。

» 去除科层制、中层管理及企业边界

尽管许多企业领导人都认同管理大师加里·哈默尔的观点，即科层制削弱了主动性，扼杀了冒险精神和创造力，是对人类成就征收的赋税。但他们又坚持认为，科层制是管理大型公司不可避免之弊，会继续接受它的束缚，任"怪兽"持续成长。近年来，虽然大公司的员工人数仅增加了 44%，但中层管理人员的人数却增加了 100%。在员工超过 5000 人的公司中，大多数员工由八级中层管理人员管理，并会被分配到零散孤立的职位上，任劳任怨地执行着科层制下层层下达的工作指令。权力来自上级，而大部分员工则被中层管理人员以及无止境的规章制度约束着，他们被视为四肢发达、头脑简单的机器人。其结果是公司不仅浪费了员工的才能和潜力，而且使员工承受了巨大的压力、感到厌倦、士气低落、工时减少，最终导致了极低的生产力与增长率。正如上述所说，在过去的 12~14 年中，这些科层制怪物的年均增长率仅为 1.1%；与此相比，同一时期的海尔在实施人单合一模式后，实现了 23% 的年增长率，年收入增长率达 18%。

人单合一的首要规则是摒弃一切科层制，其中包括所有来自高层的权力，去除中层管理人员，使组织更精益、敏捷，这也正是线性管理的整个理念。如今，海尔本身仅有两层管理：CEO 和一线员工。另外，打破孤立的、垄断的职能部门以及员工之间的边界，取而代之的是多职

能的协作团队，他们有权制定决策、承担责任、制定战略、构思产品或服务、彼此合作并直接与客户高效沟通。在解雇了 12 000 名中层管理人员之后，海尔将自己分成了 4000 个独立的小微企业，简称“小微”。那些被去除的中层管理人员要么选择加入海尔的新模式，以企业家的身份经营自己的小微，要么在海尔的帮助下另谋高就。同时，实施人单合一转型后的海尔也创造了数万个全新的工作岗位，最初造成的大量工作岗位流失也因此被抵消了。

» 自组织，自驱动，自付薪

在量子系统中，任意形式的外部影响或干预都会导致“波函数坍缩”，即消除潜力。在复杂适应系统（生命量子系统，包括人体和人类社会系统）中，外部干预或自上而下的控制会破坏系统的互联性、整体性以及创造力，从而消除自然进化（增长）并限制可持续性。因此，在人单合一模式下，领导不再负责独立团队或小微的员工分配，不再指示团队的工作内容或方式，不再干涉团队的组成，也不再设立团队必须实现的固定目标。相反，团队是自组织和自我选择的，朝着更长期、更全面的目标努力。

在海尔，每个小微都拥有“三权”，通常由科层制企业的高层管理人员持有。首先是决策权，可以制定自己的战略，决定优先事项、实现目标的方式以及想建立的合作伙伴关系；其次是用人权，可以聘任自己的员工，分配其角色职能并决定合作关系；最后是分配权，可以设定团队成员的薪水，分配奖金。正如原子内的亚原子粒子一样，当团队系统面临挑战或机遇时，小微的每个成员都可以改变其身份、角色、职能。事实上，即使是小微本身也可以不断更替，因为有些人失败了，新的机会就会出现。

在海尔，公司的目标是使每个人都成为创业者，并给每个员工提供充分发挥其潜力的机会。每一个自组织的小微企业本身都是一个小型独立公司，由自己的成员创建，有自己的 CEO，提供自己的产品和服务，开发自己的客户并与其建立联系。它们怀揣见证自己公司成功的希望，渴望为客户创造价值，并在这个过程中实现个人成就感，获取绝大部分公司利润并自主分配。海尔大多数员工直接由用户付薪，而非公司付薪。在罗氏制药印度公司，独立的自组织销售团队找到了极大的意义和目标，并且他们有能力决定和设计他们为医生和患者提供的服务。

海尔的小微可分为三种：（1）面向市场型，它们直接面向公司传统家电产品的用户，通过不断变化的客户需求以及可用的新技术对产品进行改造；（2）孵化型，它们不断将海尔的产品和服务线扩展至新领域，如电子游戏、生物技术、医疗保健等领域，以探索新的商业机会；（3）节点型，它们提供零部件，或为“面向市场型”小微提供营销或人力资源等服务。其他人则链接传统的海尔家电产品，如智能冰箱或智能酒柜等，它们会同食品公司或葡萄酒产品公司协作，以便将这些商品迅速交付给用户。随着近年来海尔的场景及生态品牌的发展，此类协作活动，甚至是基于与其他公司的“临时合同”的合作关系，目前也已经得到了极大的扩展。

总的来说，我认为基于小型独立自组织的微型实体或团队的人单合一模式可以通过调整应用于多种情境，例如，如何在城市中提供社区服务，如何提供本地和国家医疗服务，如何组织国家及国际基础设施项目，如何大幅扩大中小学和大学的学习机会，如何保持与时俱进，以及如何满足学生不同的兴趣。我们将在后面的章节中继续对此进行探讨。

» 独立却合一

从表面上看，将任何一个公司或组织划分为数千个独立的自组织实体可能会导致分裂和混乱，但人单合一模式却使海尔成了一个凝结性强且协调性好的组织，确保了 4000 个小微运营实体间的合作和统一。为整个企业集团设计一个强大的中央操作系统是第一要务。高层管理人员要确保企业文化可以为每一个小微及成员制定共同的标准、价值观，共同的操作程序和 KPI（关键绩效指标），并为整个公司提供持续发展的共同战略方向。拥有一个服务平台网络，平台之间相互独立并由平台主拥有，每个平台汇集 50 多个小微，而平台就是协调不同小微之间合作的促进者，安排协作讨论，为其创造共同创业的机会。

因此，平台主通过提供这样的便利为小微服务，同时也为规模相对更小的小微提供大公司更广泛的服务效益，如必要时提供初创企业所需资源，使其像初创企业一样运作。他们提供指导和便利，但从不发号施令。平台主本身也是企业家，他们向公司巨大的内部市场销售自己的服务，有自己的增长目标，肩负着寻找更多机会的责任，并以此来创造新的小微。系统协调的另一层由每个平台中的“集成节点”提供，它们确保所有制造型小微零部件的集成供应，为小微提供智能制造、大数据营销信息以及行政服务等方面的技能。

这些中央协调结构为所有量子组织提供了始终必需的牛顿粒子面，而各个小微的自组织独立性则体现了波动面。由此，人单合一模式被赋予了所有量子系统具有的双重效益——亦此亦彼的波粒二象性。

» 客户即领导

人单合一模式认为一个组织必须具备的核心竞争力是为其客户创造价值的能力，而一个组织的目的及其成功的起点和终点是持续满足不断变化的用户需求的能力。因此，人单合一要求实现制造、销售人员与用户之间的零距离。张瑞敏说："员工必须了解客户胜过了解自己。"反过来，这就要求员工通过各种可用的方式，如电话、网络调查、用户反馈机制、面对面交流，甚至是必要的家访来进行持续的共创性对话，而用户应始终感到员工在为他服务，从而易于联系并保持兴趣。

人单合一模式将用户看作组织的合作伙伴，甚至是员工，他们的反馈和建议能促进新产品和新服务的发展，从而点燃创新之火。海尔调整了这一模式，允许用户分享利润，推荐海尔新产品、新服务的优势，成为用户企业家。这是观察者与被观察者共创性量子关系的一种实现方式，它告诉我们，在观察和质疑现实时，在联结现实的潜力时，我们能将可能性变为现实。通过观察、讨论和联系客户的需求和建议，员工和客户共同创造了创新的现实。

» 关系造就组织

我们知道，量子宇宙实际上是由关系构成的，因此可以说关系造就了现实。甚至还有一种关系粒子，即玻色子，量子物理学把它描述为联结一切的黏合剂，由引力、电磁力、强核力和弱核力组成的四大基本力均由玻色子构成。要正确理解宇宙的运作方式，"力"这个词本身就必须被真正理解为一种"关系的存在"。同样，对"人单合一"一词的理解也应是对员工和客户之间基本关系的理解。因此，所有实施人单合一管理模式的企业或组织都认为，建立零距离关系是其基本的组织原则。

在亚马逊和阿里巴巴这样的大型电子商务公司中，电商平台为诸多独立公司提供服务，而各个公司之间没有任何关系，他们仅与自己的客户有交易关系。但我们看到，人单合一有利于小微与用户之间发展亲密、私人的关系，同时它也要求培养小微之间合作的零距离关系。至少，在整个公司网络系统中，员工进行的工作应该共享。小微间必须有可以讨论、分享想法的机会，以便促进系统中各小微的交叉创新。为了创造价值这一共同目标，为了用户，为了自己，为了彼此，为了整个公司以及公司关系系统中的所有其他参与者——股东、社会、地球等，必须建立起一种文化归属感。

» 开放式创新

绝大多数公司和组织对其创新研究是严格保密的，创意创新被视为公司的无形资产，因此公司会竭尽一切努力防止潜在竞争对手窃取。但人单合一珍视所有关系的价值，它呼吁在公司“内部人”和周围环境“局外人”之间建立起牢固的共创性关系。因此，海尔不仅通过与用户建立零距离关系，挖掘他们的需求和创新想法，而且会深入外部社区以寻求更广泛的创造性帮助。

无论是研发部门正面临的问题，还是对新产品或产品功能“奇思妙想”的呼吁，都会被发布在社交媒体上让所有人知晓和响应。有时，当涉及现有产品的既定问题或开发新产品机会的创造性意见请求时，有时甚至会有多达 300 万人进行响应。另外，公司也会定期与 40 万“问题解决达人”——来自各行各业的专家和专业研究机构进行沟通，寻求有助于进一步创新的建议、反馈和想法。当这些意见、想法被成功地应用到新产品、新服务时，相应的个人或机构将会获得一定的利润分红，有些人甚至会加入公司，成为新小微的负责人。

这种无边界的创新创造方法体现了一点：人单合一将每个人视作合作伙伴或企业家，从而将量子原理付诸实践。宇宙的一切都是相互纠缠的，你中有我，我中有你，没有局外人，没有陌生人，我们都是一个更大的、合作的共创性系统的一部分。加里·哈默尔观察到，通过线上公开产品开发的全过程，“海尔将产品从概念成型到上市的时间缩短了 70%”。试想如果有许多国家的机构都遵循人单合一模式，进行新冠病毒疫苗的研发与生产，将给全球健康带来多么可观的益处！

» 从恐惧到试验创新

心理学研究表明，在大型科层制公司和组织中，恐惧是驱动员工的核心动力。他们会害怕犯错，害怕惹恼老板，害怕搞砸工作。因此，大多数成功、知名的公司遵循的座右铭是“一旦行得通，切勿破坏现状”。这使得它们从本质上变得保守，厌恶风险，从而扼杀了创新。整个量子宇宙以及其中的生物体被我们称为复杂适应系统，它们时刻冒着风险并茁壮成长，风险的创造性深入系统的骨髓。风险是试验，是未来的使命，是进化与成长的关键。作为一个实践中的量子模式，人单合一创造了这一系统。

人单合一模式下的小微实体，数量众多，可以自由地成为“探索未来的手指”，就如同原子系统中多个跃迁中的一个，准备进入不同的能量状态。每一个跃迁都会探索出通往未来状态的一条可能路径，即使这种可能不是系统的最终路径，但它在试运行时仍会对现实世界产生实际影响。同样，海尔的诸多小微可能在市场上大获成功，也可能不会。如果失败，它们还有退出的权力，不会对大公司系统造成任何严重的后果。这些失败的小微也凭借试验获得的经验和知识丰富了整个系统。海尔在拥抱多样性时，总是能从试验中获得成长，在逆境中蓬勃发展。

» 生态系统：可能性的叠加

我们知道，量子宇宙是诸多系统的集合系统，甚至每一个单独的量子波函数都是一个可能性叠加的系统，是一个等待发生的丰富的新现实。随着系统元素形成新的关系，新的现实也随之产生。人单合一与生态系统的联盟通过将各种可能性转化为各种方向全新的联合现实，给量子公司带来了几乎无限的拓展潜力。不同生态系统联盟的可能性为每一种新关系创造了新的机会。这也给了量子组织持续不断增长甚至是“永生”的可能性。

当海尔首次实施人单合一模式时，它将公司分成了数以千计的小微企业，但海尔很快就发现小微之间出现了一种十分激烈的零和竞争，每个人都只在乎自己能否取得成功。因此，在转型不久后，海尔便转而实行生态系统模式，开始鼓励合作共赢。同时，公司注意到，用户很少会只购买一件电器，用户在购入一台烤面包机后，往往很快就会订购一台新的微波炉或一个新熨斗。同样，在海尔的内部市场中，一个面向市场型的小微可能需要一个制造型小微的某个元素或其他类型小微的元素等。于是，小微们很快意识到，如果它们组建临时合作伙伴关系，便可以为用户提供更多的整体解决方案，不仅帮助用户节省了调研和购物的时间，而且也能从整合市场中获益。如今，海尔已成为小微间的合作网络，它们形成了临时联盟，有时一次甚至多达 400 个小微同时为用户提供所需的整体解决方案。这恰恰印证了量子整体论中，整体（更大市场的共享利润）大于各部分（单独销售）的总和。

2019 年，海尔推出生态品牌，进一步发展了生态系统概念。随着其逐步发展，海尔发现用户喜欢购买能够满足多种需求的组合产品，于是便开始着手为用户提供整套场景，例如“阳台场景”。起初，员工们以为人们会将阳台用作放置洗衣机的地方，但后来他们发现用户想要添置一张沙发，或是一套迷你音响系统，有时甚至是一两个体育设备。“阳台场景”的构想由此演变而来，但是这个场景需要与其他公司（例如体育用品公司迪卡侬）进行合作，并需要签订临时合同以提供相关的体育用品，作为新阳台场景产品的一部分，接着将相关产品打包组合成一个生态系统品牌，合作伙伴们在该品牌下进行临时合同的协商，以保证每个合作伙伴都可以从中获利。现在，企业边界逐渐模糊，不仅仅是海尔内部的各个职能部门与小微之间，海尔与其他公司之间也是如此。现在，海尔更多地把自己看作庞大的多公司网络枢纽，而不仅仅是一家公司，其场景生态品牌的效益在于，把持续增长的忠实客户数量视作长期追求的目标，而不是把市场份额作为成功标准的关键。张瑞敏总结的一个逻辑是："通过满足用户的所有需求，我们正在培养并肩战斗的终身用户。"

量子宇宙同样如此，借助人单合一实现万物互联，整个系统从共赢解决方案的网络中获益。在第 2 章中，我们研究了"涌现"的量子概念，它指出新的现实产生于各组成部分间的关系。现在我们可以说，海尔这样的量子公司是从其生态系统中的关系中"涌现"出来的。实际上，每家公司通过与其他人单合一模式公司建立关系，都可以获得新的可能性。所有公司保持良好状态的同时茁壮成长，像生命有机体一样运作，成为"活性公司"。在第 22 章中，我会畅想量子系统在全球范围内国家之间的实现。

» 颠覆牛顿泰勒式领导及自上而下的领导

牛顿泰勒式公司里的 CEO 以及其他领导者是十分有权势的人物，他们通晓所有问题的答案，决定所有的事情，实行自上而下的领导。这种权力伴随着牛顿对力量的错误理解，在牛顿的概念里，力是作用于人和事的，是操纵和控制它们的。当今世界的问题远多于答案，伴随着急速的技术变革和混乱事件的复杂性、破坏性，没有人能知道所有的答案，做出所有的决定。一个量子或人单合一组织的设计宗旨是在混乱、不确定性和急速的变化中蓬勃发展。为了做到这一点，它颠覆了人们熟悉的泰勒式权力金字塔，在倒置的人单合一金字塔中，底层员工取代了高层领导和高层管理人员，登上了金字塔顶端。领导者放弃了所有权力，转而担任服务的角色，为他领导的员工提供资源、愿景和激励。正如老子在《道德经》中所说："善为士者，不武；善战者，不怒；善胜敌者，不与；善用人者，为之下。"①

在一个复杂系统中，许多事件会同时发生，而它们往往具有破坏性。当今复杂的市场中，用户需求过多且不断地变化，这些需求同时也受到新兴技术、社会政治事件以及偶然的全球性大流行病（如最近的新冠疫情）的影响。随着全球气候变化带来的挑战日益增多，需求必定会随之变化。如果想跟上复杂性时代的脚步，我们需要万众一心、齐心协力，需要那些与用户需求、供应链和必要时可联盟的潜在合作伙伴保持零距离的人们，需要那些有权迅速做出局部决策和必要联盟的人们。正是因为海尔精益求精的人单合一结构拥有 4000 个小微以及迅速自发组建联盟的能力，它才有可能成为在新冠疫情期间为数不多的几家能够蓬勃发展的大型零售企业之一。当然，这也需要一位特殊的量子领导者来引导这样一个由独立、自组织实体组成的复杂网络。

所有人类团体和组织都需要领导者。人们的确希望领导者能够保持这片"部落"的祥和或是这艘"船舶"的稳定，希望领导者能够提供道义上或实践中遵循的准则。但人单合一的领导者却不同，权力在这里是一种相互支持的关系，也是一种与组织成员建立联系的能力。他会听取不同的建议、观点和建设性的批评，会由他们自己的员工来领导，借助团队的榜样以及自我言行一致的能力来领导，他们培养了内在的力量，而不是外在的力量。他们对所领导的人的潜力充满信心，他们信任自己的员工，同样重要的是，这些员工也知道他们可以信任他们的领导。

① 这段话意为："善于统帅士卒的人，不轻易出征作战；善于征战的人，不轻易发怒；善于胜敌的人，不轻易对敌厮杀；善于用人的人，对人包容谦退。"——译者注

领导者通常被称为“船长”，而我们知道人单合一组织是一个拥有多艘船舶的舰队，每艘船都有自己的船长和船员，以及需要完成的任务。因此，人单合一的领导者更像是“舰队司令”，作为一个中央操作系统，他们为舰队中的诸多船舶提供整体的战略视野、服务和资源，以及一种指导精神，激发、鼓励、维护着全体船员和谐的一致性。这一切如同一只看不见的手，通过员工自己来实现，而非施加于人。他会把自己看作一个仆人式领导，为舰队和船员服务，而不是控制他们。

本书第三部分是关于量子领导者的性质、挑战、战略思维以及创造性思维的，而第四部分则是关于量子组织的本质的，其中涉及三家公司的案例研究，探讨它们通过调整人单合一模式内在的各种可能性来实施量子管理。不过，我认为我们需要先更深入地理解量子或人单合一模式的哲学根源和愿景，以及为什么它们让我们无论是作为服务组织的员工还是作为领导者，都能释放更大的潜力。

第 5 章

量子管理之道

张瑞敏曾明确表示，他在构想“人单合一”的商业模式时，既吸收了道家哲学思想，同时也吸取了我的量子管理理论著作中阐述的量子物理学知识。本书中我的观点之一是将量子思维和人单合一广泛地应用于商业、社会和政治模式中，能够在东西方之间架起一座重要的桥梁。事实上，我认为西方的量子物理学就是由方程式表达并通过实验加以验证的东方道家哲学。两者对于现实的本质、人类处理事务的最佳方式以及领导力和组织思维的含义的认知都是相同的。

了解道家哲学思想和量子物理学之间惊人的相似之处以及它们如何通过人单合一模式进行整合和实施，将有助于东西方更好地相互学习以及和谐相处，共同建立一个新的世界秩序。目前中国和西方间的误解与怀疑很大程度上源于这样一个事实，即这两种文化的整体思维结构存在很大的差异，而且彼此都是从自己的思维角度来看待对方的。鉴于 21 世纪的生活、商业和全球关系需要所有人形成量子世界观，那么世界极有可能趋于有利于理解和协作的融合。

西方科学家发现了量子物理学，但他们从未真正地理解它。爱因斯坦曾戏谑地将其称为“精神分裂物理学”和“爱丽丝梦游仙境物理学”，其他人则称之为“荒谬物理学”。相比之下，中国人的量子世界观却已长达数千年，它根植于中国古代的哲学思想之中，其中以道家哲学和几百年后深受道家影响的新儒家哲学为核心，直到今日中国人还是十分自然地以量子的方式进行思考。甚至汉语也会强调模式与关系，善于处理矛盾和歧义，让它的使用者进行“量子思考”。

在西方人对量子物理学和中国思想的理解中，最具挑战性的是对极性和二象性的理解，例如量子物理学中的波粒二象性或物质能量二象性，某种程度上反映了中国哲学中的理气二象性。在中国的哲学思想中，万事万物，包括意识，皆由对立的两极（如阴阳）构成。但对中国人来说，它们是互补的对立，正如硬币的两面彼此不能分离。每一面对于理解事物及观念都是不可或缺的。正是因为他们之间的共创性对话，“存在”及“意义”才得以产生。阳，即强作用力或光明的力量，如若离开阴，即反作用力或黑暗的力量，以及离开两者间的创造性关系，便不可能存在和运作。同样地，理，即宇宙的建构原则，如若没有气，即能量、创造力以及潜力，也就失去了目的。在量子物理学中，粒子与波、现实与潜力同样如此，在任何时候二者都相互存在，相互作用。

《易经》提供了 64 种卦的详解，实际上是由 32 对互补的对立组成的，读者若想充分地理解任一卦象，则需参考与其互补的卦。《易经》实际上是尼尔斯·玻尔（Niels Bohr）著名的“互补原理”的灵感来源，这一原理正是为了努力从西方的角度理解波粒二象性。丹麦物理学家玻尔是量子物理学的五位奠基人之一，他转向《易经》以寻求可以反映此种“怪异”现实的模式。同样地，量子物理学的另外两位创始人，沃尔夫冈·泡利（Wolfgang Pauli）和埃尔温·薛定谔利用他们对中国哲学的认识，试图理解他们自己的新发现。

从中国思想的角度来理解量子物理学的尝试是十分必要的。在西方思想中，强与弱，光明与黑暗的极性是矛盾的对立面，强与弱相互对立，光明与黑暗相互对立；同样地，西方管理思想将管理和劳动，领导者和雇员视为本质不同且相互冲突的事物，正如在西方社会中，“我”或“我们”也常常与“他”或“他们”产生利益及身份冲突。若想正确地理解量子管理或其在人单合一模式中的实践，读者用中文而非西方术语来理解极性是至关重要的。因此，当听说人单合一管理模式由一位中国 CEO 构想并付诸实践时，我认为这并不意外，中国的政府部门也十分自然地将其推荐为中国所有企业最理想的商业模式。事实上，量子管理在中国已经非常普遍，中国人称之为“中国式管理”。

由于 21 世纪所有的技术都是量子技术，这种本土的量子思维自然给予了中国竞争优势。我将在后面的章节中指出，在中国国际化的“一带一路”基础设施建设中，甚至在中国政府组织结构的理想实践模式中，都可以看到人单合一模式的影子。接下来，让我们看看这其中的哲学和文化根源。

在过去数千年里，中国文明在三大哲学思想（道家哲学思想、儒家思想和佛教思想）的对话中发展。道家哲学思想作为三者中最古老的哲学思想，在其他两个哲学思想中不乏它的身影，在公元 10 世纪到 16 世纪，通过集成三者的定义元素，新兴而统一的新儒家哲学形成了。道家最伟大的思想家是老子，他的《道德经》是中国最具影响力的古典书籍之一，也是很多西方人耳熟能详的一本书。老子描述了宇宙的本质，人类在宇宙中的位置以及人类及其领导者与“天”“人”彼此和谐相处的自然之“道”。新儒家哲学最伟大的哲学家是 16 世纪的王阳明，他坚持最基本的道家哲学思想。除此之外，他更加深入地阐述了自我的本质与自然倾向，道德的根源和本质，个人对社会的职责与关系，和谐治理的原则。我发现王阳明的哲学与我毕生试图阐明的量子哲学有着异曲同工之妙。

道家哲学思想之“理”及量子管理

» 由能量构成，受原则指引

牛顿式的静态的、可预测的、唯物主义的宇宙是由分离的、孤立的、不可穿透的、不变的原子构成的。其设计和构造就像一台机器，由相互独立的、运动的部分组成集合，这个宇宙是由物理学铁律——牛顿运动三大定律所控制，而运动定律本身是由系统外的“上帝”颁布的，与系统内部的元素无关。这种宇宙观在西方文化中产生了一种社会观，它认为社会由这些原子主义的个人（即原子人）构成，他们彼此之间没有亲密的关系，仅与社会之间存在交易关系，遵循法律和社会规范。在泰勒式公司里，它使公司被塑造为机械，形成原子化、竖井式的部门和职能，实行自上而下的统治，遵循 CEO 的指令，而 CEO 就像西方的上帝一样，游离于系统之外。泰勒式公司原子主义的员工彼此之间没有直接的关系，他们与公司只有交易关系，遵循 CEO 的规则，履行在公司结构中被分配的角色，依靠公司发放薪水。

相比之下，道家哲学更像量子物理学，它描绘了一个动态且不断发展的宇宙，该宇宙由能量（“气”）组成，充满了自组织、和谐、共生关系模式（“理”）的网络，为万物自组织的创造和行为指明了方向。这些模式就像量子物理定律一样，从系统内部产生，定义了发展方向（或称之为“道”），使不断演化的宇宙进一步展开。我们应强调十分重要的一点，它们是原则，而不是规则。所有的事物，包括我们自己，都受这些原则的指引，但不受它们的控制。“道”的原则是一种模式，可以以许多不同的方式表达，而非牛顿意义上的结构，后者将表达或行为限制在一个方式中且限制了方向。在量子管理中，相同的原则通过人单合一模式中的中央操作系统得以实现，让公司有了共同的方向和企业文化，让每一个自组织团队或小微企业都有了奋斗的目标，同时允许它们在与客户以及整个生态系统环境的直接对话中自由地找到自己的最佳方式。根据道家以及量子管理理论的思想——万物皆能量，人单合一模式将公司视为一个能量系统，张瑞敏甚至将海尔的小微企业喻为“能量球”。

» 无为而治

我们看到，牛顿物理学描绘了顶层设计的宇宙，由力和牛顿三大运动定律严格控制。因此，泰勒式公司通过高层强制施行的规则来管理，并通过使用外力（如制裁、惩罚）来确保规则的遵守。但道家哲学思想和量子物理学都警告说，任何外力或外界对系统施加的控制都会造成破坏性影响。道家哲学思想的精髓在于它的“无为”原则，当一个人“顺势而为”，践行“知行合一”，将其与事物的自然之“道”保持协调一致而不是将自己的意志强加于此时，才能获得最佳的效果。正如老子在《道德经》中写的：“上德无为而无以为下。德无为而有以为；上仁为之而无以为，上义为之而有以为，上礼为之而莫之应，则攘臂而扔之。”①

我们知道，在量子物理学中，任何对量子系统的外部干扰或测量都会造成“波函数坍缩”，从而剥夺系统的多种可能性。正如施加在复杂适应系统（活性量子系统）上的外部控制会干扰内部的自组织，从而

① 这段话意为：“上德之人不做而且无心做，下德之人做了而且是有心去做。上仁之人做了却是无心而做，上义之人做了则是有心而做。上礼之人做了如果没有谁响应，就会振臂强人而为。”——译者注

剥夺系统的创造力。因此，量子管理告诉我们首席执行官必须放弃控制权，权力应让渡给公司系统中的自组织团队。人单合一商业模式将决策权、用人权和分配权让渡给独立的小微团队，让他们直接面向客户，面向彼此进行合作。量子领导者轻而易举地管理着公司，仿佛听从了老子的建议："治大国若烹小鲜。"

» 万物互联

我们看到，牛顿式宇宙是由分离的、孤立的原子构成的，这些原子无法进入彼此，只能通过施加某种外力才能跨越将它们分开的距离。因此，泰勒式公司由独立的职能和独立的竖井式部门组成，管理层与员工分离，凌驾于员工之上，员工与客户分离。相比之下，道家哲学思想和量子物理学都告诉我们"分离是一种幻觉"，我们生活在一个零距离的世界中，万事万物相互纠缠在一起。

一位道家大师将宇宙比作由珠宝组成的多维网络，每一颗珠宝都闪耀着其他珠宝反射的光芒。他还说，各种事物之间不存在阻碍或距离。老子教导说，宇宙存在于每个事物与人之中，每个事物与人相互包含。在量子物理学中，每个量子实体的纠缠式波型确保了同样的原则，因此，显然遥远的粒子实际上是非定域连接的，量子宇宙就像一个巨大的全息影像，其中整个全息影像隐含在它的每个小部分中，道家哲学思想中亦如此，量子物理还告诉我们整个宇宙存在于每个原子或事物之中。人单合一的量子管理模式也被称为零距离模式，其中每一个小微与其他小微、与客户以及生态系统中的其他公司都处于一种共创关系中。因此，整个公司存在于每一个部分中，而每一个部分又隐含在每一个部分中，企业边界由此消失。

» 一个参与式的宇宙

就像西方文化和西方语法区分主体和客体一样，牛顿科学也区分观察者和被观察者，泰勒式公司通常视自己为一座孤岛，从而区分了“岛内”和“岛外”。在牛顿的唯物主义宇宙中，像我们这样有意识的人是没有任何位置或作用的。我们只能作为局外人站在远处，看待现实。但是，量子物理学告诉我们，观察者与被观察者是一个整体，我们在现实中的观察、质疑以及行为方式共同创造了这一现实。道家哲学思想也告诉我们，“道”存在于每个人的心中，人亦存在于“道”中，只有我们的行为与“道”保持一致时才能影响“道”本身的进程。“道人”和“量子人”可以说是宇宙可能性的代理者，是现实的创造者。他们创造了世界，他们对世界负责。宇宙的故事就是我们的故事，而我们的故事就是宇宙的故事。

量子管理认为，公司存在于社会和世界之中，社会和世界亦存在于公司之中。它们共同创造了世界，通过相互的关系对世界负责。我们看到，海尔本身已实施了人单合一模式，小微之间不仅相互包含，客户和外部社会也存在于公司里，有时甚至与员工相差无几，无法辨别；当然，公司也是他们生活不可分割的一部分，影响着其生活方式以及健康医疗等各个方面。正是这些共创关系的存在，才能不断产生新的、涌现的现实，即新产品和新的增长机会。

» 语境主义

在牛顿物理学中，不管一个事物所处的环境或拥有的关系如何，它是什么样就是什么样。我们看到泰勒式公司表现得如同一座孤岛，忽视了它们周围的世界，因此经常破坏自己的底线以及周围环境。的确，西方思维通常倾向于通过尽可能地将问题孤立起来以解决问题。“忘掉所有事情，把精力集中于此时此刻最重要的事情上。”或直接予以警告：

“说正事！”

道家哲学思想坚持认为万事万物皆有关系，且关系造就了现实，一个词、一个行动或一个事件所处的较大环境被视为塑造它们的重要因素。因此，中国思想总是“情境式”或“语境式”的。比如，除非你了解整个故事的来龙去脉，否则你可能永远无法理解某一个行动或某一个事件；除非你探究某个事物的影响因素以及可能影响的方面，否则你可能永远无法做出决策。

我们看到的“语境主义”是量子物理学的定义原则之一，一个量子实体或量子系统总是取决于其所处的环境以及它与什么有关系。关系一旦改变，实体便随之改变。因此，量子管理始终要求公司考虑其内部和外部的所有关系，这将影响战略和决策的结果，甚至是公司的健康状况。在人单合一模式中，人们需要清晰地认识“环境”，正是“环境”的力量促生了“无边界”的口号和新的企业文化，该企业文化强调关系并了解内部和外部因素是如何影响公司及其健康状况；“环境”依赖于相互联结但又相互独立的小微网络，每个小微都在不同的环境中运行，这使得实施该战略的公司能够分散风险和机遇。

» 自发性

在牛顿物理学和现代西方思维中，所有事情似乎均与自发性这一概念冲突。牛顿物理学承诺的是，如果我们知道一个粒子或情境的起始位置以及作用于它们的力，我们便能知道、预测和控制一切。因此，强迫控制似乎是西方人骨子里的基因，它在泰勒式公司中占主导地位，依靠自上而下的控制和僵硬的科层制结构进行管理。在这个充满不确定性、不可预测性和颠覆性变化的时代，这些公司如同笨重且行动迟缓的恐龙，试图在微妙而多变的世界中前进。但是道家哲学思想和量子物理学都知道，一切是不可实现的，预测是不可靠的，控制是具有破坏性的。

道家哲学思想始终教导说，“道”本身以及随着宇宙的演化而展开的“道”总是不断变化的。在这个世界上茁壮成长的唯一成功方法是保持自然、轻松的统治，创造性地应对不可预测的事件，而非强制控制。“天之道，不争而善胜，不言而善应，不召而自来，繟然而善谋”。[①] 道家领袖通过接受、融合和支持变化而取得胜利。我们与自然力量的融合使我们成为这些力量的一部分，基于动态的、不断发展的现实，而非固定的或一厢情愿的想法，做出更明智的决策。

量子物理学和复杂性科学也描述了一种不确定的、不断变化的、自组织的本质，它建议人们自然地适应事件的发展，而不是试图强行控制它们。量子管理要求领导者让渡控制权，以其态度、性格和榜样来领导，而不是将他的意志强加于组织，组织会自然地响应周围的挑战。人单合一管理模式建立一个“自创生”组织，该组织能够持续不断地自我生产，自然融合于演化以适应不断变化的外部环境。量子公司是轻组织，受模式和原则的引导，宛如蝴蝶扇动的几下翅膀影响着整个市场。

由此可见，中国数千年来的思想文化始终融合着道家的思想原则，为现代中国在量子时代的繁荣做好了充分的准备。中国的科学家因其对量子技术的开发以及使用其背后规律和原则的自然、直观的感觉，在量子技术创新方面具有先天优势。中国的商业领袖对量子组织的运作方式也有着同样的感觉。与此同时，在这个复杂的、不可预测的、快速变化和全球互联的时代，一味控制只会自掘坟墓，而西方世界现在的思维方式正是受制于简单的、可预测的、可控制的原子机械系统的。我并不指

① 这段话意为：“顺应自然之道，不争夺却容易胜出，不说话却容易沟通，不召唤而自动到来，坦然而善于安排筹划。”——译者注

望西方世界的人们会突然变成中国人，但如果我们不将自己看作量子，我们注定会进一步衰落，甚至被遗忘。西方人发现了量子物理学，而当务之急是培养一种量子思维，理解它并使之成为生活的一部分，从而找到我们自己的方式来迎接它带来的挑战和机遇。本书便是为此创作的一本指南。

ZERO

第二部分
量子自我（员工）

A New Paradigm for Living, Working, and Leading in the Quantum Age

DISTANCE

人单合一的量子管理组织模式的主要目的是释放人类的潜能。加里·哈默尔和米歇尔·贾尼尼在他们最新的著作《人本主义》中呼吁建立更多“以人为本的公司”，强烈要求公司应将员工当作人来对待，而不是资源。毕马威（KPMG）2020 年的一项调查发现，目前 71% 的 CEO 最关心的问题是如何充分发挥员工的潜能。但我认为，我们需要进一步赋予这些呼吁和关切真正的意义。首先，我们需要明白人意味着什么，并进一步探究人类的潜能。其次，我们需要理解在旧的范式中我们是如何看待人及其潜能的，以至于我们一度认为，把员工视为科层制企业机器中的“资源”或无意识的机器人是行之有效的，甚至是道德的。最后，领导者和员工需要了解彼此作为人的本质，使其能够作为平等的伙伴协同工作，共同创造公司的未来。这些是我们将在下一章中探讨的问题。

第6章

我是宇宙

乾称父，坤称母；予兹藐焉，乃混然中处。故天地之塞，吾其体；天地之帅，吾其性。民，吾同胞；物，吾与也。

——张载[①]

自人类学会提问起，始终伴随着我们的一个终极哲学问题便是：我们从哪里来？我们在广阔的大千世界中的位置和目的是什么？难道宇宙万物都是因我们而存在的？真的像西方宗教宣扬的，我们是宇宙的主人，是地球所有资源的合法继承者？抑或如牛顿科学所描述的，人类是否只是物理法则决定论所支配的唯物主义宇宙中一些无法解释的随机进

① 《易经》的乾卦表示天道创造的奥秘，称作万物之父；坤卦表示万物生成的物质性原则与结构性原则，称作万物之母。这段话意为："我如此藐小，却混有天地之道于一身，而处于天地之间。这样看来，充塞于天地之间的坤地之气，就是我的形色之体；而引领统帅天地万物以成其变化的，就是我的天然本性。人民百姓是我同胞的兄弟姊妹，而万物皆与我为同类。"——译者注

化动力下的偶然副产品？还是如道家哲学思想所主张的，人类的存在实际上是不断进化的宇宙和生命地球不可或缺的一部分，在这些问题上，量子物理学依然与道家观点保持一致。

量子科学认为，我们的宇宙始于大约40亿年前的一次大爆炸，尚无科学家能够权威地说出“大爆炸”前存在的事物。但根据可靠推测，宇宙的诞生属于创造与毁灭循环的一部分，无限收缩的奇点爆炸形成宇宙，膨胀数十亿年后再次开始收缩，最终重归于无限收缩状态的奇点。推测也表明，我们的宇宙也许不是大爆炸产生的唯一宇宙，或者可能有其他大爆炸，因此我们可能实际上生活在一个“多元宇宙”中。当然，在本书中，我们还是专注于我们所居住的宇宙。

大爆炸创造的第一个事物是“量子真空”，即至今仍存在的“潜力场”，作为一种力量，它存在并作用于宇宙中的每个事物中（包括我们自己）。“真空”一词具有误导性，它并不像真空保温瓶那样是空的；相反，它充满着无限的曾经、现在以及将来的一切潜力。它是一个纯粹且未被激发的能量场，之所以被称为“真空”，只是因为它没有可辨别的性质或特征。在我们的量子宇宙中，性质和特性是能量激发后的结果，只有当真空的“零点”场被激发时，才会出现具备性质或特性的“事物”。因此，量子真空可以被视为一片寂静的海，所有存在的事物，包括我们自己都是这片海域上漾起的“波浪”。实际上，“存在”一词意为“脱颖而出”，就像“波浪”从海中脱颖而出一样。存在的一切事物，包括你、我以及公司都是量子真空下动能模式激发的结果。

量子真空包含了现在以及将来存在的一切事物的潜力，因此它包含了你我存在的潜力。事实上，从宇宙大爆炸后的那一刻开始，我们便作为一种潜力存在于真空之中。如此说来，每个人都经历了宇宙自诞生以来的漫长历史，所以实际上我们都已非常苍老，如今已有40亿岁了。

我们的存在始于一阵微扰，它打破了真空的静止，希格斯场和希格斯玻色子由此产生，进而促使了物质（其质量）的形成。之后，物质首先形成了基本粒子，依次产生炽热气体、恒星、行星以及地球上的生命。正如《道德经》中所言："道生一，一生二，二生三，三生万物。"我们皆为万物。

因此，我们每个人都承载着宇宙的整个历史、量子真空及其蕴含的无限潜力。我们的身体是由星尘组成的，我们的身体和思想遵循着控制宇宙其他事物的同样的量子法则和作用力，至少在潜意识中我们已经了解并记住了这一切。这是我们量子智力（道家称之为"良知"）的来源，也是我们有能力和责任来用同样的法则管理我们的公司与社会的原因，这些法则使宇宙、自然和我们这样的生命有机体能够成功运作。

我是自然

不仅牛顿物理学断言我们人类在这个完全物质、机械的宇宙中不起任何作用，而且西方宗教也坚持主张我们并不是属于自然的一部分。《圣经》告诉我们，上帝为我们人类创造了自然界，并赋予了我们统治大自然的权力。大自然是我们的"资源"，我们可以以最好的方式为自己造福。如今，这种认知仍停留在许多人的思想中，其中不乏许多商业领袖，这导致了大量不利于气候的活动以及其他类似活动的发生。达尔文的进化论对这一主张提出了质疑和挑战，量子世界观非常明确地断言，我们完全是宇宙和自然的一部分。我们在对"大脑"这片人类人格和思想所在地的"考古"中可以非常清楚地看到这一点。

人的大脑天生是相当保守的，它承载着整个星球上复杂结构中的生命进化史。它的构造宛如一座古城里蜿蜒的小巷，伴随着杂乱的建筑，一层又一层的考古史相互堆叠，以某种方式"居住"在其中。

在我们身体组织中最简单的一层，即古城中考古史最低的那一层，我们发现了类似单细胞生物的结构，如变形虫，它们没有神经系统，所有的感觉功能和运动功能都存在于一个细胞内。当我们体内的白细胞清除垃圾和吞噬病菌时，它们在血液中的行为就像池塘里的变形虫。简单的多细胞生物，如水母，它们没有中枢神经系统，但是确实有一个神经纤维网络，允许细胞之间进行交流，从而使动物可以协调一致地对环境做出反应。我们身体肠道中的神经细胞形成了一个类似的神经网络来协调蠕动，肌肉收缩可以推动食物沿着肠道运动。越高级的动物进化出来的神经系统越复杂。

随着生物的不断进化，多细胞动物，如鱼类和爬行动物的头骨下部开始慢慢发育成原始的脑干。事实上，人类的脑干甚至被称为“爬行脑”。随着哺乳动物的出现，大脑发育出了更多复杂的层次。首先是低等哺乳动物原始的中脑，受本能控制；接着是高等哺乳动物原始的中脑，如老虎和狼，受本能和情感控制；最后是我们与高等动物猴子前脑的大脑半球，具备更复杂的计算能力和更高的社交能力。前额叶——大脑里与人类思维有关的“小小灰色细胞”，在较不发达的形态时与高级猿类的有共同之处，但其近来已经进化了。它是理性自我能力的关键，醉酒、使用镇静剂、压力巨大、情绪暴躁或高级前脑的损伤会导致人类行为退化至低等动物，显得更原始、更冲动、更轻率。

因此，尽管随着神经系统的进化，其集中性和复杂性逐渐提高，但即使是在人类身上，无论是在不断扩张的大脑里还是在全身，最原始的神经网络一直存在。我们思考并与之共存的有蛇和狼的本能，猿类的情感，或更好的说法是人类的理性。然而，我们 98% 的基因、思想和情感都与黑猩猩的出奇地一致，因此就该进化阶段而言，可以说我们只有 2% 是人类。因此，我们在很多时候会做出无理的举动，把事情搞得一团糟，也就不足为奇了。我们的计算能力使我们创造出了一个高度复杂的世界，它超越了我们在其中明智地生活的能力，也给所有个体带来了挑战和目标。如果仅仅是 2% 的人类基因就能让我们走到这一步，那么只需 1% 或 2% 的大脑进化就足以让我们应对 21 世纪的生活。就自然进化而言，这将需要数万年的时间，但现代神经科学告诉我们，大脑是可塑的。我们有能力通过与思想和经历的对话，重新构建和发展我们的大脑。我们可以加速大脑的进化，我们可以更聪明地思考和行动，如管理公司和其他社会组织的方式。我相信这就是“量子思维”的使命，也是为什么我希望至少 10% 的领导者能够培养量子思维。正如国际法学教授理查德·福尔克（Richard Falk）所说：

> 人类具有一种特殊的协同进化的能力和责任。与其他物种不同，我们知道我们在世界中扮演的角色，并承担着这一知情的责任……作为人类，我们可以把我们的精力投入到各种恢复性行动、制度形式的建立以及大众支持的重大行为的调整中，以此来回应世界造成的痛苦。

第7章

我是粒子和波

人并非离索群居，也并非忠于集体。人是集生物、情感、记忆和关系为一体的网络。每个人都是独一无二的，但没有人可以单独绽放。从某种程度上说，我们彼此相互包含，却从未隔离与穷尽个人真相。

摘自安吉拉·蒂尔比（Angela Tilby）所著《愿光明普照大地》

经典的美国英雄是一个孤独的牛仔，他跨骑在马背上，穿行在辽阔的大草原上，靠自己勇敢地在大自然中生存下来。现代版的牛仔则是拥有拯救世界的超能力的超级英雄，而泰勒式公司的CEO便是一个牛仔或超级英雄，全权负责公司的经营。西方社会崇尚“个人至上”这一观念，个人作为“社会的原子”，通过个人投票权追求自己的利益并保护自己的权利是西方民主的基石。我们看到，这种神圣的个人主义植根于早期希腊哲学的原子论，之后又被牛顿物理学奉为圭臬。由此可见，西方社会是一个粒子式社会。

我曾向一个中国博士生建议，中国人可以构想一部中国式超级英雄的大片，并由中国人饰演，通过这种方式来提升其在西方的软实力。他却反对说："这类电影不属于中国人，我们不相信超级英雄，我们认为英雄事迹是由团队协作完成的，就像在新冠肺炎疫情下坚守在武汉的医生，还有赖于全体中国人民的齐心协力，比如我们会自觉地戴上口罩，服从封锁。"现代中国政府的首要任务是保护中国人民的安全，维护社会的和谐，很少有中国人将个人利益或权利置于集体的最大利益之上。这种中国的集体主义植根于儒家哲学思想，它强调个人在家庭关系中的地位和职责以及公民和领导人对整个社会的责任，至今仍发挥着重要的作用。因此，中国在很大程度上是一个波式社会。

量子物理学告诉我们物体同时具有粒子和波两种属性，既拥有个体的身份和潜力，同时又通过与其他实体以及整个环境的关系来发展个体性，提高其潜力。离散的个体在系统动态中发挥着积极的作用，但又始终作为系统的"团队成员"，就像人单合一管理模式一样，"独立"的小微在追求自己的目标和利益的同时，通过与其他小微、公司以及生态系统之间建立关系而重塑其目标与利益。因此，我们期望存在一个同时具备粒子与波两种属性的量子社会和量子公民。让我们看一看每个个体是如何从群体中脱颖而出，又是如何被群体中的关系定义的。我们既是"粒子"，同时也是"波"，这对公司的员工和领导者意味着什么呢？

个体及关系

此时此刻，当我专注于自己时，有一点可以肯定的是，我作为一个"个体"存在着，某种东西可以被称为"我"。我知道我就是昨晚睡在我的床上，今早醒来的那个人；我知道我的名字，记得大部分我的经历，拥有可识别的独特外貌。像我这样的个体，无论是作为人类还是亚原子粒子，都可以使事情发生，我们有着自己非常特殊的责任。作为一个个体，我要培养自我的品格，为人正直且值得依赖；作为一个个体，我必须有时保持“独立场”的认知，当我的价值观或直觉需要时，要与大众对抗；作为一个个体，我必须做出我那一份贡献。量子物理学告诉我们，正如宇宙中其他存在的事物一样，我是量子真空宇宙能量场的独特激发，是历史事件中极为重要且不可替代的“发生”。正如埃克哈特·托利（Ekhart Tolle）所说：“你的存在是为了使宇宙的神圣目的得以实现。你就是这么重要。”

身为一个母亲和祖母，我在家庭中扮演着独特的角色，而有些事也只能由我来处理。我是家庭和某些社会活动的中心，我独特的怪癖会为家庭生活的画卷添姿增彩，是家庭趣事的源泉。我的一个小孙子最近为我辩解说：“如果人人都一样，那么我们会变得十分困惑且无聊。”如果我不再是“我”，整个家庭也会随之改变，因为我所具有的独特个性以及做自己的态度，对其他家庭成员都起着决定性的作用。我不只是一个孤立的“粒子”，自由自在，为所欲为，我还是一个“波”，我的存在和行为也影响着其他家庭成员。

我们看到，量子物理学证明了在我们的量子世界里，万事万物相互纠缠，息息相关。正是它们在这个庞大的关系网络中的位置决定了每件事物、每个人的身份和行为。关系创造了现实，存在的一切事物实际上都是一种“量子真空”能量场下的动态的、波式的能量模式，是一股宇宙能量之海中可以渗入万事万物的浪波。就像海面上相邻的波浪一样，我们相互重叠，相互结合，相互促进，相互抑制。我们由共同的“海水”构成。这正是道家哲学思想的量子基础，每个人都包含着整个宇宙及其中的一切。“我”就是“你”，“你”就是“我”，正是通过我们的关系，我们创造了自己的世界——共同的世界。这里没有“外人”，没有

“陌生人”，我们之间没有任何距离。

因此，公司的每个员工既是“粒子”，同时也是“波”。他们是独特的、不可替代的个体，是公司不可分割的关键的一部分。无论他扮演着什么样的角色，这个角色看起来是大是小，每一个员工都很重要，因为他们具备的个人潜力对构成公司系统有着偌大的贡献。所有员工及其角色都与其他所有人处于决定性关系之中，他们共同创建了公司系统。没有“外人”，因为不存在边界；没有平等与不平等，因为构成元素均为同一种物质；没有不重要的工作角色，没有不重要的人，因为所有独特性都是公司系统中不可或缺的定义元素。如果员工不同，他们的关系不同，那便不是同一家公司了。

关系的创造力

为了更好地理解个人和公司间关系的创造潜力，我们以爵士乐即兴演奏为喻，并将其与独奏家或管弦乐团的表演进行对比。毫无疑问，独奏艺术家才华横溢，独自闪耀，他从自我内在中汲取创造力，仅仅通过自身对乐谱的诠释进行表演；管弦乐团更像一个科层制组织，每个乐器的演奏者根据指挥来演奏自己的乐谱。无论是独奏家还是乐团都坚持按照手中的乐谱演奏，只是会通过转换风格、诠释方式或情感基调带给我们惊喜。相比之下，爵士乐即兴演奏的参与者无须遵循既定的乐谱，也没有指挥；相反，每个人都可以根据前一个人的音调和节奏来即兴演奏他的乐器，并具有一种共享的、相互关联的感觉，以此实现共同演奏。参与者在表演的同时正创造着他们的作品，并身处一种对彼此及其共同项目的自组织关系之中。该结果是新鲜的且令人惊讶的，从部分之和来看是不可想象的，无论是婚姻、家庭，还是公司，这是所有创造性关系的本质。通过自发地响应彼此，自发地应对挑战、机遇和周围事件环境，这些关系中的参与者不断地重塑自己，重塑对方，给世界带来新的东西。创造的整体总是大于部分之和。

因此，从本质上说，我们都不是一个自私的或完全自给自足的孤立粒子，也不仅仅是一个削弱我们个性的重要性和集体关系责任感的波式成员。相反，我们每个人都是量子人，既是独立的个体，有尊严，值得尊重，有空间供我们行驶自由意志并开发我们的潜力，又是我们关系中的波式参与者，通过自发地对关系中的其他人做出回应，从他们那里获得价值、养分甚至是身份，同时为我们以及他人进一步共同创造潜力，滋养潜力并提升潜力的价值，从而部分地定义和创造这些关系。正是因为量子人具有这种波粒二象性，我们的友谊、婚姻、团队和公司才更有意义、更充实和更富有创造力。每一个个体通过我们参与的关系，形成了我们要对其负责的家庭、公司乃至世界。但是，我们将在下一章中看到，这种关系的创造力之所以能出现，是因为每个量子人，无论是作为个体还是作为创造关系的伙伴，都具有多种潜力以及扮演多种可能角色的适应能力。

第 8 章 我是人群

> 我自相矛盾吗?
> 很好，我就是自相矛盾吧，
> 我辽阔广大，我包罗万象。
>
> 沃尔特·惠特曼（Walt Whitman）

量子物理学最深刻的洞见之一是我们生活在一个具有多重潜力的世界，一切都不是我们眼前所见那么简单。量子力学中的波函数是多重潜在现实的叠加，例如光子同时具备波和粒子亦此亦彼的特性。何种潜力得以成为“现实”取决于科学家使用实验仪器观察或测量波函数的方式，这是量子洞见的基础，一切均遵循“语境主义”，即事物本身由其与环境的关系所定义。

对于组织而言，我们看到在人单合一模式的结构中，多个团队或小微是促进公司充分挖掘市场潜力的方式，每个小微利用个性化的产品、服务或员工技能来挖掘不同的客户群体。而我们每个人在生活中有着同样的机会，人单合一是一种拉近工作与生活，实现零距离的方式，它使工作与生活更高效了，所以人单合一也是一种自我的存在方式。

阿伦·瓦兹（Alan Watts）在其著作《水之道与德之端》（*The Way of Water and Sprouts of Virtue*）中谈道："一系列永恒的惊喜，便是我自己。"接下来，我将通过我的亲身经历来阐述自我的本质——多重性及语境主义。我女儿九岁那年，我丈夫和我参加了学校的家长会，我们与多位老师进行了交谈。首先是拉丁文老师，他十分沮丧地说："我真是拿安娜没办法，她总是闲聊扰乱课堂秩序，作业潦草，不讲礼貌。"相比之下，英文老师的反应却大相径庭："安娜总是积极参与课堂讨论，她的诗歌很有力量，经常在学校的杂志上发表。我希望我所有的学生都能像她一样！""一千个老师就有一千个学生"，也许就是这样的。

我们都曾有过类似的经历，不同的人际关系和社会情境塑造了不同的感觉和行为，尤其是工作时的"我们"与生活中的"我们"可以说是判若两人。大多数人在面对某些特定情境时往往会说："此刻，我可以做真正的自己。"我们错误地认为，我们仅仅是在有限的情境中展现出"真实的自我"，而在多数情况下会戴上恰当却有些失真的面具。我们急于拒绝承认"自我"中不必要或不舒服的阴暗面，我们不接受或强烈地压抑它们，对它们的存在视而不见，抑或至少充满情绪地宣称："那不是真正的我！"实际上，所有的"自我"都是"我"，它们同样真实。每个人都是"人群"，我们的每一个多重人格都存在且影响着我们在特定时间里所处的特定情境或关系。正如量子世界中的所有事物一样，量子自我的本质是亦此亦彼，而非二者择一。

当谈到量子自我亦此亦彼的本质时，总会多少涉及当今社会和国际政治中的热点问题——身份认同。人们感受到自己的身份认同因"入侵"（外人闯入他们的社区，跨越他们的国界）而受到威胁。民粹主义运动席卷欧美很大程度上归因于一种“外人”破坏其身份认同而导致的恐惧，其中脱欧便是英国人担忧欧洲及欧洲移民可能削弱其国家认同的表现，而伴随民粹主义而来的极端民族主义则源于一种对国家认同受到全球主义威胁的恐惧。“我们必须筑起高墙！”“我们要加强边境的力量！”如前文所述，在这个纠缠宇宙的量子现实中，万事万物相互联系，偌大的宇宙囊括了外物，而人类的思想囊括了宇宙，这里没有“外人”。“他者”只是未曾承认的分裂自我的一部分，根据量子自我“亦此亦彼”的本性，多重共存的身份实际是我们每个人的组成部分。人类的自我是一个独立的原子式岛屿，这一概念现在被科学推翻了，正如推翻旧时牛顿式的观点，即认为宇宙是由独立、离散、不可穿透的原子组成的这个观点。当下，每个人都是“人群”。

我们可以借用观察物理学家戴维·玻姆“量子势能”的启发图来阐明，当量子实体被观测时，其波函数发生了变化，从而直观地看到我们每个人的“人群”现实。量子科学家曾相信，多重潜力叠加的波函数在被“观测”时会坍缩为单一的现实。现在我们了解到这只是“量子退相干”现象，或者说是以叠加潜力的丰富多样的光谱展开。当波函数被观测时，它变成了一系列各式各样的、部分表达的、沉睡着的波式现实和一个彻底表达的粒子式现实。

在不同的观测下，图 8–1 中所示的能量峰值都有可能作为粒子而被观测到，但它们内部共享一个“空间”，作为共同的波式特征。尽管只有最高峰值显示为可观察到的粒子，但该粒子内部实际上包含着所有峰值共同的波状现实。当科学家观测到一个粒子时，它的更广泛且不可见的波式的一面完全被隐藏在一个待勘探的现实之中。量子自我也是如此。如果拉丁文老师具备更广泛的感知力以及唤醒潜力的能力，那么英文老师啧啧称赞的那个孩子就在他的拉丁文教室里。同样的，一个有才干的领导者也可以对那些“似乎难以胜任工作”的员工或是不属于此的移民采取相同的措施。

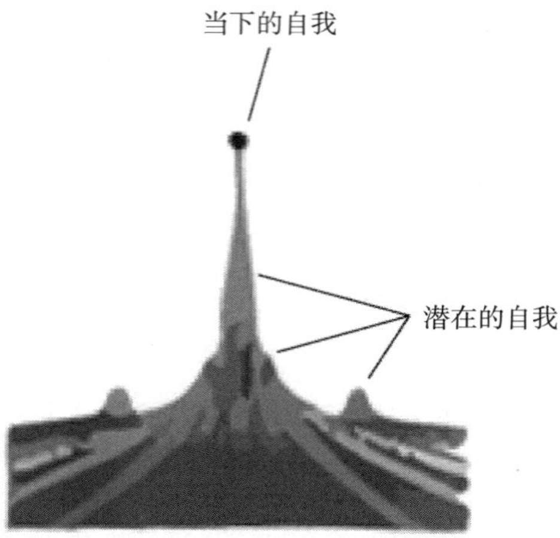

图 8–1　自我的多重潜力

我们将在第 12 章中看到，拥抱多样性是量子领导力的 12 个原则之一。事实上，拥抱个体的多样性也是量子生活的原则之一。我们认识和培养自己的方面越多，我们就会越充分地成为自己。我们欢迎的“外人”越多，我们的社区也会因此越富有、越具有活力。即便是阴暗面，也可能丰富我们的生活经历，为我们的关系创造价值。瑞士心理学家卡尔·荣格（Carl Jung）认为，许多创造力隐藏于阴暗面，即自我“阴阳”面中的“阴”面中。自我的阴暗面不过是被童年阴影扭曲的潜力，当我们勇于直面它们、拥有它们并治愈它们时，它们便会融入我们更广泛的积极面和品质中，赋予我们所有人更美好的生活。当一个员工在一个团队中表现不佳时，其实他所拥有的技能和品质可能会为另一个团队创造巨大的价值。

张瑞敏曾说过，当员工创造了自己的产品时，便是创造了自己。人单合一的管理模式使得每一位员工在创造性满足用户需求的同时，也提升了技能，增强了自信心。自我层面的人单合一与企业层面异曲同工，每当我们接触全新的理念，每当我们跳出自己的舒适圈，每当我们意识到他人身上的“不同”实际上是我们自己的一部分时，我们就是在挖掘并唤醒潜在的、不同的自我，成为更真实的自己。当我们通过把更多层面的“我”带入当前的情境或关系中，来向自己和他人“介绍”这些不同的“自我”时，我们便融入了真正的自己。自我创造和自我整合具备“完整性”和“真实性”的本质，自我的多方面整合是“完整性”（即整体）的意义所在，自我的整体性是真实性的基础。我们只是呈现出更多的层面，就能对自己的感觉更“真实”，对他人更信赖。

第 9 章

我创造了世界

创造力作为人类长河中亘古不变的主题，贯穿着整个历史与文化进程。我们把自己视为“创造者”，用现代的科学术语来说，就是智人，其起源可以追溯到人类制造第一件工具的那一天。我们认为创造力从某种程度上将我们与低等动物区分开来，并定义了人性。

在西方宗教术语中，创造力有时被视为人性的成因以及人类存在的意义。例如，犹太神秘主义的传统认为，上帝造人是因为需要一同创造的伙伴。亨利·柏格森（Henri Bergson）的哲学认为，进化的整个宗旨是实现上帝的“创造创造者”之大业。中国哲学中的三才“天、地、人”认为，人作为联结的桥梁，将“道”带至“地”，创造出反映“天道”的文明世界。

当然，在日常生活中的小事上，我们的感受也是如此。当我们反思自己的所作所为时，不难发现许多事情都是基于一种“创造性冲动”。比如孩子们的第一幅画，对乐高积木的迷恋，长大后对模型搭建、肥皂雕刻、陶罐和篮子制作的渴望，成年人对于 DIY、打扮自己和装饰房屋的喜爱等，都是同一种动力的基本表达，这种动力促使他们创作诗歌、交响乐，抑或是发表全新的精神见解。当然，在当今社会和商业中占据举足轻重地位的科学发现和技术创新，同样依赖于科学家和从业者们永不枯竭的创造力。

在过去，除宗教记载外，任何关于人类创造力以及创造力究竟是什么的解释都有些神秘。敏感的人可以分辨出工匠制造的个别物体与机械装配线生产出的数千个相同物体间的区别，但很难解释为何工匠具备机械所没有的创造力，而该问题也是我们当前希望设计出能够模仿甚至超越人类创造力的 AI 系统的核心。讽刺的是，根据量子物理学、神经科学和复杂性理论目前提供的解释表明，创造力并非人类所独有。

早在 20 世纪 80 年代，热力学方面的诸多发现就表明，生命系统能够克服热力学第二定律的限制。该定律认为，由于熵的存在，宇宙将消耗一切或是陷入无序的状态。但诺贝尔奖获得者伊利亚·普里高津（Ilya Prigogine）的研究成果“耗散结构理论”及“开放系统”证明了某些系统（包括所有生命系统）可以创建稳定且动态的秩序。普里高津的研究成果直接推动了复杂性科学的兴起，其中也包括对于本书中不时提到的复杂适应系统的描述。复杂适应系统具有极高的创造性、稳定性、自适应和进化性，它描述了生命系统成功的方式。如今，复杂适应系统科学正被广泛地应用于人类社会系统，而正是因为人类在本质上是复杂适应系统，复杂适应系统本质上又是创造性的，因此我们有一种天然的精神和强烈的生理冲动去追求创造力。同时，复杂适应系统是海尔人单合一管理模式设计的灵感源泉，也为量子管理理论提供了科学依据。

在过去 15 年里，神经科学领域的发现使我们更加了解创造力的本质了。人类的大脑并非硬性连接的，现在这几乎已经成为常识。在我们的文化中，只有当我们足以应对日常生活的挑战时，我们才开始生长新的神经元并建立新的神经连接，大脑不会因年龄在 18 岁或 20 岁就停止生长。相反，它们是可塑的，在我们一生中，每当我们面临新的挑战，或面对之前未准备好的新体验，或应对激发我们思考的新事物时，我们的大脑都会长出新的神经元，建立更复杂的神经连接。我们的大脑本身具备无限的潜力，加上量子物理学中观察者与被观察者之间的共创性关系，这给了我们创造一个更丰富世界的无限潜力，也给了我们创造自我和重塑自我的无限潜力。

我创造了自己

人单合一管理模式基于这样一个假设：员工在创造产品的同时也在重塑自己，他们增长见识，提升技能，不断挖掘自身潜力以服务于公司。广义上讲，这也是量子世界观的假设。在量子物理学所描述的参与式宇宙中，当观察者通过观察创造现实时，他们也是在创造自己。正如我们所见，观察者与被观察者的关系是一种共创性关系，量子人也在以同样的方式用问题、决策和行动创造世界，重塑自己。我们不是现实的受害者，我们创造了现实；我们不是命运的俘虏，我们决定着命运。在我们的童年和青少年岁月里，或是在人生进程中我们不得不面对一些挑战，需要新的学习经验时，我们或多或少都会进行自我创造，我们也可以做更多事情实现自我成长，丰富生活。通过践行前面所提到的事情，拓宽眼界，改变经历，加强学习，走出舒适圈去倾听与反思不同的观点，以各种可能的方式拥抱多样性，在工作中寻找意义。持续不断的自我创造不仅仅是“一种生活方式”，实际上可能是我们生命的终极目的以及生活责任。

正如中国哲学思想始终强调修身养性的道德义务，量子哲学也将自我重塑视为美好生活的道德准则。宇宙不断地向着越来越复杂的方向发展，由此创造出前所未有的秩序和信息。人类作为宇宙及宇宙之“道”的一部分，自然也是如此。在量子世界观中，每个人都具备无限的潜力，而人类生活的内在目的无疑是尽可能地挖掘更多的潜力。正如人单合一与量子管理所主张的，这也应是我们投身的公司的内在目的。通过持续不断的自我创造来充实自己，我们将丰富我们的公司、世界，甚至是现实本身。

我对世界负责

既然我们是自己与世界的创造者，那么也应对“自我”与世界负责。最终，我们通过决策与行动创造了世界，但这也导致了许多显而易见的问题。我们如何分辨是非？道德选择以及其他选择是基于何种权威依据？当似乎没有明确或一致的道德行为目标来指引我们时，当“一切皆有可能”或“一切于我有益”的精神似乎依然在个人生活和商业生活中占据主导地位时，这些问题显得尤为迫切。正如我的女儿 15 岁那年对我说的：“我在这个年龄段是非常困惑的，你和爸爸在我该做什么、不该做什么方面，想法总是摇摆不定，而其他成年人似乎也不知道他们在做什么。我必须自己探索。”

直至两代人之前，至少西方人还会在他们的宗教信仰中寻求道德引导，学着如何做一个好人。如今许多西方人仍坚守宗教传统，但多数是出于社会或身份的原因。现在的年轻人，其中包括我十几岁的孙子，他们认为宗教无关紧要，用他的话说就是“无用且无聊”。如果非要说他们的信仰，那便是科学了，科学并不擅长阐述道德问题。相比之下，东方人，尤其是中国人，对于宇宙运作方式以及宇宙之“道”的理解，是人类道德的基础。

正如我们在第 5 章中所述，道家哲学思想教导我们，每个人都拥有整个宇宙。儒家哲学认为人性本善，天人之间有一种天然的道德或伦理上的共鸣。我们生来具备“良知”的能力，即对于宇宙之“道”的道德直觉与理解，继而通过后天道德修养来予以加强。因此，修养是中国哲学的基本原则之一，当今仍发挥着重要的价值作用。自我创造则是人性不可或缺的一部分，能够在“地”上映射出“天”的和谐一致性。正如中国当代伟大的哲学家杜维明所言：

> 我们能参与自然界生命力内部共鸣的前提，是我们自己的内在转化。除非我们能首先使自己的情感、思想和谐起来，否则我们不能与自然取得和谐，更不用说“独与天地精神往来”了。我们确与自然同源，但作为人，我们必须使自己与这样一种关系相称。

到目前为止，如果读者已逐步理解本书想要传达的观点，就可以知道量子管理坚持的观点（公司或各种形式的社会组织成功的前提是自身必须成为复杂适应系统）是基于“我们是自然和宇宙的一部分”以及“适合他们的也是适合我们的”这一量子理解的。因此，《易经》建议领导者，“成功在于理解并赋予宇宙之‘道’现实性”。量子管理认为，成功要遵循量子物理之“理”，并在组织中予以实施。同样的道理适用于个人生活中的道德和其他决策。

当然，“良知”一词对应英语中的“conscience”。良知被视为道德指南针以及一种永恒的对于是非的内在感知。在过去的研究中，我将良知与魂商结合，我认为每个人都能够了解并且悟到量子宇宙之“道”及其意义，因为我们的身体和思想均遵循着宇宙运作的相同物理之“理”。我们的精神及生物层面的量子场，会与自然界和宇宙中的其他量子场产生共振。我们要着重理解驱动量子宇宙中自组织的“理”不同于《圣经》中的规则或“戒律”，而是自由意志下指导决策和行动的原则和价值观。正如量子公司的中心操作系统指导员工活动的自组织一样，这一量子本质可以被视为指导我们道德选择和决策的“中心操作系统”。

上述论点与中国传统哲学家关于“良知”起源的观点非常相近，也是我从复杂适应系统（活性量子系统）的 12 种性质中得出的魂商 12 原则的基础，它们被改编成了量子领导力的 12 条原则。这 12 条原则的第 1 条是“自我意识”，即我是谁？我的信仰是什么？我重视什么？我真正的目标是什么？反思这些问题让我能够了解自己是属于自然和宇宙的一部分，儒家的孟子曾说过：“尽其心者，知其性也。知其性，则知天矣。”[①]了解“好”与“坏”的力量可以创造或毁灭宇宙与自然，这也能帮助我们进一步区分决策与行为的“好”“坏”或“道德与否”。

根据量子宇宙学，宇宙中有两股对立的力量：一是创造力，亦称“理”，通过关系的力量聚集事物，创造秩序；二是破坏力，又称“熵”，拆散事物，制造混乱。它们便是我们所说的善与恶的宇宙起源。生命通过生命系统（复杂适应系统）于混沌中创造秩序，系统内部和谐一致，因而具备较高的稳定性、自适应与进化性。所有的生命系统，例如构成物质世界并生于其中的量子系统，因其整体总是大于各部分之和，所以本质上是具备创造力的。他们在原有基础上增添了自组织的某些东西，这一自组织原则是通过人类的自由意志来表达的。我们制定决策，采取行动，创造我们赖以生存的世界。正是我们构建了更美好的社会，成了更好的人，因此，物理定律可以指导我们。

量子物理学告诉我们，关系的形成可以创造世界，而关系的破坏也可以毁灭世界。因此，我们自身的道德工作借由关系进行，不管是内部

① 此段意为：“尽自己的善心，就是觉悟到了自己的本性。觉悟到了自己的本性，就是懂得了天命。”——译者注

与自身的关系，还是外部与他人的关系。导致不和谐、“与人为敌”，进而破坏关系的行为与决策，与熵的破坏力相一致，所以是“糟糕”的；促进和谐、建立关系的行为与决策，与宇宙的创造力相一致，所以是“良好”的。人们无论是在个人生活中，还是在作为员工或领导者的工作生活中，其所采取的行动与决策都是如此。当我们与其他人、其他公司、其他国家建立好良好和谐的关系时，我们就提高了社会世界和物质宇宙的相干性；相反，当关系糟糕时，我们便是在破坏它们。

这一深刻见解，加上“万物互联、相互包含且不存在‘外人’”的量子洞见，引出了量子道德简单的指导原则，该原则本身也反映了一个黄金法则：无论何事，你们愿意他人怎样待你们，你们也要怎样待他人，因为你也是“他人”。对于公司及国家领导人而言，量子道德将充分反映哲学家伊曼努尔·康德（Immanuel Kant）的道德律令“普遍立法”，即个人行为的标准必须可以成为普遍规律。

当然，建立良好关系并不是成年人的创造力促进构建更具秩序性与相干性世界和宇宙的唯一方式，每一份“创造”都为世界带来了新事物。做一顿可口的饭菜，自己动手制作一件精美的物品或创建一个美丽的空间，制作一个创新的工具或产品，成立一家伟大的公司，通过发现获取新知识，而这些还只能算是少数。还有语言天赋，它使我们可以用文字创造或毁灭事物：传达真理的话语是富有创造性的，因此可以建立“良好”的关系；谎言与虚假信息是极具破坏性的，因此会建立“糟糕”的关系。爱与怜悯的话语为上，而仇恨、痛苦及漠视的诋毁为下，诸如此类。

因此，基于量子物理学宇宙的道德选择和好坏之间的决策判断，与那些基于“时代智慧”的选择和决策，即世界上伟大的哲学与精神传统以及受其启发的明智建议，并无本质不同。量子世界观的确是在用全新的语言诉说着古老的真理，它提供了一种新的权威来源，这种权威可能吸引到这样一群人，他们目前还没有被超道德、唯物主义以及自私的个人主义所束缚，不接受单调且具破坏性的牛顿世界观引发的深层次意义，也未能从看似无关的古老语言和权威来源中寻求到指导。

以上五章介绍了量子物理如何引导我们理解人的本质。作为总结，我想引用杜维明先生书中的一段话。杜先生从儒家传统中汲取权威，而本书通过量子哲学汲取权威，二者得出了同样的结论：

> 人是漫长生物链上的一个积极参与者，是历史连续体的活的见证者，是得宇宙精华的万物之灵。人的结构中，本来就有无限的生长潜能和取之不竭的发展资源……人的自我就在其自身的真实存在之中体现着最高的超越；自我的充分实现，无须任何外在帮助……自我是人类群体种种关系的中心，我们必须认识到它是整体存在的必要组成部分……孟子说过一句富有启发性的话：“万物皆备于我矣，反身而诚，乐莫大焉。”

第 10 章

驱动力

我有时会认为自己已经找到了人生的目标，但它对生活起到了积极作用还是消极作用，抑或能否成为我人生的一部分，则取决于驱动我做出选择和行动的动机。人类和组织均为能量系统，我们的动机会决定能量如何在系统中流动，如何被引导。

当消极动机产生时，如恐惧、贪婪、愤怒和自负，系统的能量流动就会遭受阻塞和扭曲，带来破坏性的后果。研究表明，在传统的牛顿式组织中，94% 的员工和领导带着消极的动机工作。当他们被更积极的动机，如探索与好奇心、合作、自我控制、创造力和服务精神驱动时，员工及其所在组织都会蓬勃发展，我们将在随后对实施量子管理的公司的讨论中印证这一点。海尔的人单合一模式中包含众多自驱动元素，由此可见积极动机下的工作与领导对于该模式的成功实施十分重要。拥有积极动机是实现人类最大潜能的关键，而拥有积极进取员工的公司也将实现其最大的潜能。本章我们将详细介绍动机量表，它概述了八个消极动机和八个积极动机。除此之外，我们还会提供反思性练习，帮助读者认识自己行动的动机，就如何将消极动机转变为积极动机提出建议。

对于任何意识或文化的重大转变，我们首先需要理解维持现状的后果，也要明白自己置于此地的动机。我们为什么会陷入这种困境？我们到底从哪里开始？其次我们需要展望未来。我们试图做出何种转变？未来吸引我们的地方在哪里？我们又需要何种动机来实现？要想获得更满足、更成功的人生，摆脱当今商业文化面临的危机，理解动机、懂得如何转变动机是至关重要的。

对人类动机的研究与我们反思他人行为的能力一样久远。追问“为什么”是我们人类智力的基本素质，而动机是我们解释自己或描述他人行为时所需的素质。亚伯拉罕・马斯洛（Abraham Maslow）的需求层次理论首次尝试构建一个有条理的动机量表，需求划分为低级、基本到高级、复杂。自此，马斯洛需求量表就被广泛应用于商业领域。他把生存需要列为最基本的动机，其次是安全需要，之后才是归属和爱的需要，这些均被称为“匮乏性需要”。马斯洛认为那些“更高层次的需求”是自尊、自我实现以及高峰体验。

马斯洛需求层次理论发表之后激发了许多进一步的尝试，心理学家、科学家，如雷蒙德・卡特尔（R.B. Cattell）、伊恩・马歇尔（Ian Marshall）、大卫・霍金斯（David Hawkins）和丹尼尔・戈尔曼（Daniel Goleman）发表了更详细的、层次不同的动机量表。我之所以决定在此介绍马歇尔量表，是因为它对我们探究动机的转变至关重要。该量表提供了一种新方法，可以系统地分析一种文化或一个人目前状态的动机和情感基础，并给予我们建议，让我们学会如何将当前消极动机的状态转变为未来更理想的状态。

动机量表

伊恩·马歇尔是一名执业精神病医师和心理治疗师，曾热衷于研究“荣格主义”学说。他的动机量表源于40多年来对患者行为和反应的临床观察，图10–1的量表借鉴了马斯洛的需求金字塔，但在其基础上将马斯洛最初的6个动机扩展到了16个动机，包含8个积极动机和8个消极动机。它们按照–8到+8的顺序依次排列，量表的正负动机互相映射。因此，+3代表的“自我控制”与–3代表的“欲望”相对，+1的“探索”与–1的“自大”相对，依此类推。这条规则对于使用图表有很大的影响，我们会在后面加以说明。

动机		层次
+8	开悟	高峰体验
+7	世界灵魂	
+6	服务精神	
+5	创造力	自我实现
+4	专精	
+3	自我控制	自尊
+2	合作	
+1	探索	
–1	自大	归属
–2	愤怒	
–3	欲望	安全
–4	恐惧	
–5	痛苦	
–6	冷漠	生存
–7	内疚与羞愧	
–8	人格解体	

图10–1　动机量表

从数字中可以看出，动机+3要比动机–1好，同样，动机–1也比动机–4好。随着动机指数的提高，我们的个人效能也得到提升，行为得到改善，或是得到比之前更积极的结果。一个由恐惧（动机–4）驱动的人会比一个由自大（动机–1）驱使的人采取更为被动的防御型策略。这对我们采取行动的大胆程度以及公司的风险管理有着明显的影响。恐惧会导致风险厌恶甚至可能是绝望的行为，自大会导致过度自信或粗心大意。

事实上，我们的决策和策略，甚至是隐藏其中的更深层次的认知过程，都会随着量表中动机的上下移动而改变。显然，动机驱动行为，但同时也驱动思考。每一个动机都是一套完整的思维模式，其中包括假设、价值观、抱负、策略、关系、情感和行为。如果我抱有恐惧的心态，那么所有事情看起来都像是威胁。如果我以自我为中心而且自大，那么我可能会过分夸大我的能力。一个被愤怒（动机 -2）驱动的人和一个被合作（动机 +2）驱动的人，决策过程截然不同：愤怒的人会被责备和报复欲所占据，并寻求策略以实现这一点，他们始终感到与对手或敌人处于对抗的状态；合作的人遇到问题便进行周全的分析，渴望达成共识，他们将对方视为潜在的搭档，合适的策略便会随之而来。

因此，量表中动机的上下移动也代表着观念和行为的转变。无论我是一名员工还是一名领导者，我的愿景、目标和策略都将会因潜在动机而截然不同。由此，我们可以看出，任何旨在改变行为（习惯）、态度、情绪的转变过程，如果不被在关系中起作用的动机所驱动，必然会失败。转变动机是转变行为以及确保我们和公司处于最佳状态的唯一稳定方式。

当我依次介绍每种动机时，我会按照它们的积极与消极指数来进行映射配对。因此，在介绍每个积极动机后，我会紧接着介绍与其相对的消极动机。这是因为我们行动的目标是使自己从消极状态转变为积极状态。当然，我们也希望我们的行动和决策一直对自己或他人产生有益的影响，而非消极的影响。

» 动机 0：中性

中性本身并非动机，它要么是我们婴儿时期的起点，要么是我们的人生由消极动机驱动转变为积极动机驱动的临界点。其实我们每天早晨刚睡醒时，在前一天的记忆、图像和情绪重新涌入意识之前，都是处于这种中性状态的。这就像哲学家笛卡尔所描述的“心灵白板”，还未曾被书写。

» 动机 +1：探索

探索与好奇心、求知欲，以及对待生活抛来的种种难题的开放积极态度紧密联系，这在孩童身上更为常见。它反映了我们想要了解一个景象或情境的渴望，比如当我们到达新旅游景点或住所时的第一次探索。以探索为动机的人跟所处的环境畅所欲言，他们观察、倾听，并时刻参与其中。我们需要了解、学习、挖掘“探索”这一动机，这会使我们更充实。探索让我们阅读书籍、报纸和杂志，促使我们做能让自己增长见识并积极融入环境的事情，它使我们成为优秀的学生，成为主动积极的员工。受探索动机驱动的人通常对音乐、艺术和电影感兴趣，他们喜爱到不同地方旅行，热衷于解决新问题，迎接新挑战。他们喜欢了解事物运作的方式，他们为了自己而追求知识和学习。他们一心致力于向外延展，强化自身技能、知识以及活动领域。他们会被创新所吸引，因为这让他们兴奋，即便遇到逆境，他们也仍保持“我能从中获得什么”的态度。探索是自我创造的必要动机。

» 动机 –1：自大

自大主要表现为轻率、盲目竞争、过度骄傲，且以自我为中心，恣意妄为。大卫·霍金斯评论说，这类动机中的能量足以驱动美国海军陆战队。正如海军陆战队一样，这类人总能翻山越岭，将意志强加于环境之中，为达目标不择手段。他们学习知识是为了操纵，他们固执己见，坚持原本已知的事物，并通过学习巩固他们的“一亩三分地”。因此，他们拒绝学习与自己立场相左的事物，但到头来也会自食其果。

» 动机 +2：合作

人类是社会性动物。我们需要与他人建立联系，从中汲取丰富的营养。通过群居在同伴和不同文化之间，最终形成的是极度忠诚的纽带，它往往基于共同价值观和共同目标。相比独处，合群的人往往更喜欢寻求同伴，他们喜欢与人相处，一同社交，一起工作，他们是好的团队伙伴，具备很强的团队精神。合作的人善于看到他人的观点，即便不认同，也会自然而然地给予尊重。这使他们成了出色的谈判者，同时也善于激发出别人更多创造性的想法。他们是绝佳的倾听者。

» 动机 –2：愤怒

我们总是能察觉出他人的愤怒。愤怒的人通常要么非常冷酷无情，小心地压制着自己的情绪；要么非常暴躁易怒，到处释放他们的怒气。他们总是心情糟糕，并将一切缘由推卸到别人身上，似乎生活中的不如意都是由他人造成的。霍金斯说过：“将愤怒当作一种生活方式，其典型代表便是那些易怒、暴躁的人，他们对小事过分敏感，喜欢吵架，争强好斗，他们是‘不公正的收藏家’。”他们常常心怀恶意，寻求报复。

» 动机 +3：自我控制

我们通常将个人能力看作改变或支配他人的能力，也就是“控制力”。但控制力是一种来自外部的力量，人们获得它往往是因为他们拥有某些东西，占据了某些权威或具有影响力的地位，也就是说他“算是个人物”。一个被自大（动机 –1）所驱动的人会寻求控制力，会通过他人来感知自己的强大或重要。除非出于更高的动机，大多数控制力争夺极易产生成功者和失败者，并由此引发冲突。

那些拥有自我控制能力并受到内在力量驱动的人，唯一真正寻求控制权的人只是他或她自己。他们以自己为中心，与自己和平相处。他们清楚地知道他们所爱之人，所珍惜之事，以此为行事准则。从严格意义上来说，他们是完整的人，有着正直的人格与行为，他们根植于他们的技能，如果他们是运动员，则根植于训练有素的思想和身体。当我们的身体和精神处于最佳状态时，“心流”带来的愉悦感与内在动力息息相关。

具备自我控制能力的人是值得信赖的，因为我们清楚他们的目的，他们的内在心灵是我们可以信任的地方。他们独特的个人风格源于他们更深层次的全身心投入，他们对自我有一种强烈的认同感，因此对于他们所承担的任何责任，我们大可放心。

» 动机 –3：欲望

佛教认为欲望是一切痛苦的根源。七宗罪多半皆因欲望而生。欲望表现为无休止的不安，一种欲求不满的感觉。受内在空虚感（与内在力量相反）的驱动，他们不断攫取，贪得无厌。他们是贪婪的人，永远不会满足，他们大多数都会觉得别人或世界有负于他，仅仅可能是因为某个地方的某个人没有满足他们的需求，抑或是从未让他们休息过。他们恣意索讨，却认为不应为此付出努力。对于金钱或其他东西的贪婪使他们变得欲壑难填，对于被爱的渴望使他们变得极其善妒。欲望是所有“瘾”的原因，暴食、赌博、酗酒、毒瘾等，欲望强烈者的策略往往是上瘾者的策略，鉴于他们强烈的欲望，他们毫不可信，会轻易背叛不尽如人意的人或事物。由于他们极易冲动，因此他们经常不负责任。

» 机动 +4：专精

当人达到自我控制（机动 +3）时，便拥有了成熟的价值观。只有当我们达到专精（机动 +4）时，我们才会意识到自己其实根植于更广阔的人际价值与技艺网络中，尤其是对于那些具有广阔思想和共同愿景的专业、传统或系统。

当石匠大师挥舞铁锤时，承载着的是世代相传的技艺和本领，是大师们的集体智慧和经典底蕴。大师级管理者的领导风格总是举重若轻，他们对于决策有着与生俱来的嗅觉把握。在他们的行为和决策中，有一种内在的纪律性和“流动”感。当我们达到专精这一层面时，我们就拥有了更广阔的格局，使得我们能够用全局的视角去制定更复杂、更长远的策略。我们寻求长期的目标，通过吸取新知识、新信息，不断地进行调整和完善。

霍金斯认为，在人类文化中，极少数人能超越专精的层次，只有 8%~10% 的人达到了专精，其中大多数人在其专业或工艺领域达到了顶尖，比如资深医师、高级管理者、乐团首席小提琴手、冠军运动员和顶尖科学家。温斯顿 · 丘吉尔和富兰克林 · 德拉诺 · 罗斯福是专精的政治家，居里夫人是杰出的科学家。

» 动机 –4：恐惧

恐惧主要表现为焦虑、怀疑、受威胁或过于脆弱，这与专精的情况恰恰相反。出于这个动机，人们总是像在寻求自我保护和自我防卫。他们把周围的人视为敌人，将机会或挑战看作潜在的威胁（因为会怀疑自己解决威胁的能力）；他们倾向远离人群（他们觉得会威胁到自己的人）或环境，变得胆怯；他们不愿意抛头露面，厌恶风险；恐惧将他们隔绝，继而自发性越来越弱，甚至被某些人戏称为“被恐惧冷藏”。当被恐惧驱动时，员工和企业高管都会变得厌恶风险，失去了创新或探索的热情。

我们接下来要探讨的八个动机仅仅出现在少数人身上，他们或智力超群，天赋异禀，或智力低下，精神失常。这些是两类极端动机，好比“天才在左，疯子在右”。仅不超过4%的人是由极高或极低动机驱动的，他们的性格异于常人，甚至近乎癫狂。或许有的人受边缘型躁狂抑郁症的折磨，有的人精神分裂且濒临崩溃。正如人们所说，“天才与疯子间只有一线之隔”，而导致不寻常行为的相同品质也赋予其不同寻常的眼光和异常敏感的性情。这些人可能为世界带来不可预估的巨大贡献，也有可能制造出无法弥补的重大灾难。

» 动机 +5：创造力

创造力是创新的一种特殊表现，受到爱与激情的驱动。爱因斯坦热衷于物理学，牛顿惊叹于广袤无垠的宇宙。这种爱或激情给予了开创者创造的俏皮感。他们享受它，认同它。工作就是生活。

专精（动机 +4）的人于传统中挖掘潜力，他们是传统的主要表述者，以创造力为动机（+5）的人则致力于开创新传统、新范式。他们热爱未知，探索未曾探索之事，创造性天赋使得他们可以塑造未成形之物。专精之人进行“有限游戏”，玩于界限之内，创造力之人进行“无限游戏”，创造新的界限。

» 动机 –5：痛苦

“生存还是毁灭？这是一个问题”，哈姆雷特的经典独白喊出了他的痛苦。痛苦与悲伤、哀痛不同，后者是失去心爱事物的正常反应，而痛苦源于迷茫和无法决定的失落和无助感，潜力得不到发挥，创造之路受阻。我们紧握双手，深感绝望。我们束手无策，深陷其中，未来似乎希望渺茫。痛苦往往源于无法改变的悲剧，诸如孩子残疾，运动员失去敏捷强健的身体，或是渴望后代却无法怀孕的妇女。退休或是陷于一种自己无法掌控的情境之中，也会带来痛苦。痛苦的人无计可施，因为他们的痛苦恰恰来自他们无能为力，似乎一切都是不可能的。痛苦也是导致抑郁症的关键因素。尽管痛苦的人深受痛苦折磨，但他们还没有像冷漠（动机 -6）的人那般完全丧失希望。

» 动机 +6：服务精神

仆人式领导大概是最受推崇、最具奉献精神的领导哲学，而服务精神正是驱动仆人式领导者的动机。所有伟大领导者都服务于超越其自身的东西，但仆人式领导者则更具超我的价值，比如卓越、善良、正义、真理、治愈、拯救或启迪他人。所有的领导服务于他的同事、族群、国家或公司，但仆人式领导者则服务于他们崇高、神圣的观念。其中最好的便是，当他们在人类灵魂中渴望服务时，这会唤醒人们心中的憧憬和希望。他们有一种使命感，一种时刻被召唤的服务意识，通过与之对话，他们找到了内心最深处的安宁以及生命的意义。这是超越创造力（动机 +5）的一种专注创造力。

仆人式领导者能将不可能化为可能，他们为人类创造建立联系的新方法，为企业创造服务社会的新方式，为社会创造发展的新途径。释迦牟尼、摩西和耶稣便是此类领导者的杰出代表，而在我们这个时代，我们也有幸拥有过甘地、马丁·路德·金、特蕾莎修女和纳尔逊·曼德拉等翘楚。事实上，仆人式领导未必一定要如此伟大，只要我们能够从服务精神的动机出发，每个人都可以成为一个合格的仆人式领导者。

» 动机 –6：冷漠

如果说哈姆雷特是痛苦的，那么麦克白便是更低层次的冷漠。“明天，明天，再一个明天，一天接着一天地蹑步前进，直到最后一秒钟时间，我们所有的昨天不过是傻子们照亮了到死亡土壤中的去路……（生活）是一个愚人所讲的故事，充满喧哗和躁动，找不到一点意义。”麦克白看到了自己的梦想和谋划最终通通化为泡影，此刻他觉得自己什么都不是。在冷漠中，我们充满了失范感（anomie），认为自己活着无用。痛苦的人饱受折磨，因为他们再也不能玩“人生”这场游戏，但冷漠的人却已经完全看不到游戏的存在，这是抑郁的一种深层表现。

» 动机 +7：世界灵魂

具有服务精神（动机 +6）的仆人式领导者根植于更高的价值，但他们的使命是服务于这个日常事务的世界。在下一层，拥有世界灵魂（动机 +7）的人把自己、他人和自然视作神圣的一部分。他们的意识已经和人类的集体无意识（有时包括其他物种或宇宙本身）合二为一，当他们谈论或创造艺术作品时，他们仿佛通过这些话语倾听到了超我的声音。莫扎特的音乐便是基于此被口述出来的，他说他只是把听到的旋律写下来而已。同样地，莎士比亚的天才之处就在于，他能够从一系列人类角色中，观察到复杂的人性，并将其生动地表现出来。“世界是一个舞台，所有的男男女女不过是一些演员”。莎士比亚作为一个天才剧作家，以上帝视角来观察尘世间的男男女女。我们绝大多数人永远也无法达到这种神秘的动机层次，但我们可以通过阅读那些处于这种状态的天才级的伟大作品，得到它的暗示，这就是为什么艺术、音乐和文学对人类灵魂如此重要。

» 动机 –7：内疚与羞愧

内疚与羞愧带给人的感受与世界灵魂给人的感受几乎完全相反。沉浸于内疚与羞愧（动机 –7）的人会感到自己完全脱离任何有意义或更深层次的现实。事实上，他会觉得他已经与“存在”脱节，认为自己没有权利存在于世，或者觉得自己的存在某种程度上让这个世界变得更糟糕了。他认为自己是“存在”脸上的一个伤口或一道伤疤，可能想要毁掉自己。他无法面对自己，也无法带着愧疚继续生活下去。受这种动机驱使的人自杀率很高，且往往是出于失礼。日本的“切腹”传统源于颜面的丢失（羞愧与内疚），罗马将军们也会因面子损伤而拔剑自刎，犹大也因不堪忍受的羞耻最终自杀。受这一层次动机驱动的人会背叛自己最崇高的理想，他们的策略是自我毁灭，要么直截了当地自杀，要么通过毒品、酗酒或鲁莽行为等间接手段毁灭自己。

» 动机 +8：开悟

对于这一层次，我们基本上不能用文字或图像来描述了。正如老子在《道德经》的开篇所写的：“道可道，非常道。”在人类历史中，极少数人能够达到开悟的状态，而他们的著作也只能通过暗示或隐喻来表达这一境界。他们总是会谈到在“绝对性”中完全吸收或消灭自我。

当然，人们可以经历开悟后再重新回到尘世，释迦牟尼便这样做了，那些写下开悟经历的人也是如此。但是，回到原来世界的人会有所改变，他不再受消极动机的影响，并且与神圣的经历有着千丝万缕的联系。T.S. 艾略特（T.S. Eliot）的《四个四重奏》（*Four Quartets*）中也表达了这种思想，“捕捉野猪的猎犬和野猪一如既往，在继续它们追逐的模式，但在群星中又归于和解”。回到原本世界后的他们生活怡然自得，平心静气。虽然可能看起来很平凡，但平凡背后却闪耀着内心之光，也就显得不那么平凡了。

» 动机 –8：人格解体

达到开悟的人是没有物理躯壳的内在之光，经历人格解体的人却是一副没有内核的躯壳。在这个层次中，自我已经瓦解，“我”也就不复存在了。没有了“人”，只剩下随意的话语和不协调的行为。这是医院精神分裂症患者的内心世界，也是无可救药的酒鬼和瘾君子的内心世界。这里是最接近地狱的地方，除了死亡本身，人格解体无法进一步崩溃。

在量表中找到我们的位置

大部分时间里，我们绝大多数人的行为受量表中 +4 至 −4 之间的动机所驱动。在所有关系和情境之中，我们可以运用情商（主要表现为自我意识和情绪控制）进行改善，或至少是控制损失。当我们意识到自己的行为方式极具破坏性时，这种意识使我们能够改变自己的行为，或暂时开脱，直到进入更积极的状态中。反思性练习也可以极大地提升这种能力，使我们能够在现实生活中认识自己的动机，进而控制行为。

从反思性练习角度来看，我们大多数人在生活中多少都曾被图表中几乎所有动机，甚至更极端的动机所影响。通过回忆过去，在练习过程中认识我们的动机，以及动机对于我们的关系和情境的影响，可以大大提高我们对于动机量表的熟悉度，提升我们将其作为指南的能力。因此，在我发起量子管理培训的项目中，我会让参与者回忆过去被 16 个动机驱动的事情及其后果，并逐一记录下来。它是如何影响一段特殊关系的？又是如何使情况变得更糟的？接着我让他们想象，如果在每段消极经历中，驱动他们的是与之对应的积极动机，那么这段关系或情况会朝着何种方向发展？这个过程既痛苦又深刻，大多数参与者说，经历这一过程不仅增加阅历，提高自我控制能力，也增强了未来被动机量表中的积极动机所驱动的能力。

如何转变动机

当我们发现自己正受到产生消极效果的动机所驱动时，或者发现其他人或其他文化展现出较高动机使我们备受鼓舞时，我们自然就想知道如何改转变自己的动机。我想如果把动机从恐惧至少转变为愤怒，多少会对我的处境有一定程度的改善，那么我该如何做呢？如果我更有野心，想要从愤怒（动机 -2）转变为合作（动机 +2），又该做些什么呢？抑或是，我要怎样做才能防止自己从探索（动机 +1）掉落至恐惧（动机 -4）呢？简而言之，动机之间是如何动态变化的？我想通过以下三条基本原则来进行表述。

- **原则一：**消极的人（或文化）无法帮助同在消极动机量表上的人。陷入愤怒（动机 -2）的两个人只会互相激怒，让对方更加恼火。两个处于自大（动机 -1）的人只会陷入权力斗争。同样地，倘若想用消极动机来改善现状，结果只能导致更多的消极动机。
- **原则二：**欲望（动机 -3）的人遇到自我控制（动机 +3）的人，只会相互抵消。当动机强度相同时，两者均不足以改变对方的动机。要提高他人在动机量表上的位置，需要像国际象棋中的"骑士步"一样，具备更明显的差异优势。也就是说，一个人需达到专精（动机 +4），才可以将欲望（动机 -3）提至愤怒（动机 -2）或是更高。
- **原则三：**因此，处于量表高处的群体（或文化）可以帮助提升较低处的群体，这也是一个社会需要神父、优秀教师、大师级工匠和仆人式领导者的意义。他们以身作则，激励我们奋发向上。同理，不尽如人意的企业文化也会拖累我们。动机与我们的情绪状态密切相关，而情绪是可以相互传染的。

使用动机量表的七个步骤：

1. 评估我们所处的位置。在这种情境或关系中，是什么动机影响着我们的态度或行为？

2. 动机如何影响我们的行为和决策？
3. 动机带来的结果是什么？
4. 我们期待的结果或目标是什么？
5. 达到该目标所需动机有哪些？
6. 致力于转变动机。
7. 实现行为与关系的转变以获得最终想要的结果。

ZERO

第三部分
量子领导者

A New Paradigm for Living, Working, and Leading in the Quantum Age

DISTANCE

在如今已然千疮百孔的西方民主之下，大多数人达成的共识是我们正面临着领导力危机，这在商业和政治领域均有所体现。新冠肺炎疫情暴露了这样一个事实，即大部分国家或企业领导人是无法抵抗时代挑战的。正如我在本书中所述，某种程度上，这是一种思维模式的危机、哲学危机以及能力危机。面对21 世纪的新型挑战，领导者仍在沿用 17 世纪的模式和解决方案。这也是一场道德危机，源于领导行为和领导言论的堕落，欺骗、谎言、机会主义以及纯粹的腐败等深深侵蚀了被领导者的信任。这还是一场文化与经济危机，过度追求个人利益以及夸大的个人主义导致并合理化了个人、公司以及国家之间的不道德行为以及个人至上的策略。从某种程度上来说，这些是因为领导者缺乏远见，无法做到高瞻远瞩，他们的眼界趋于平庸，难以提升，他们无法激励我们心存梦想并为之奋斗。

在接下来的几章中，我们将着眼于量子领导者所面临的挑战，重点关注公司的领导者及其面对挑战应具有的哲学观、性格特质、原则和思维能力。

第 11 章 领导者中的领导者

不同时代需要不同的领导者。在和平年代，公司需要的是甲板上稳定的掌舵人，一个用经验、专业知识和能力便能管理既定和预期情境的领导者。但当今时代并非风平浪静，很多科学家认为，我们当前所处的世界正处于混沌的边缘。这并不意味着像我们所担心的，我们身处悬崖或深渊的边缘，即将坠落。相反，“混沌边缘”的科学含义是一种系统处于秩序和混沌间的状态，体现了一种极端不稳定性、一种机遇和挑战处于极值的危机状态。危机乃机遇之母，它让我们认识到了“常规”不再像往常一般起作用。没有了熟悉的“门牌”作引导，人们需要自己创造新的“门牌”。在混沌的边缘也是如此。21 世纪领导者面临的最大挑战便是事件与技术的不确定性和快速变化，21 世纪是创造和重塑的时代，要求所有领导者及其组织都是创造性的。

量子管理理论的整个宗旨在于阐述能够使创造力和自适应最大化的领导力思维或组织变革。我们看到，在量子世界中，任何形式的外部干扰或控制都会破坏这两者。在物质量子系统中，任何外部干扰（观察或测量）都会导致波函数坍缩，使得多重叠加潜力仅仅可以提供一种现实。在活性量子系统（复杂适应系统）中，外部控制会损害系统的自组织关系，破坏其整体协同创造力。在公司中，诸多层级的自上而下的管理也是如此，极大地削弱了对快速变化、不可预见以及创新的自适应反应。科层制下的公司如同行动迟缓的恐龙，头与地面距离过远，因而只能靠脚导航。

量子管理的原则要求高层领导者放手管理，去除中层管理人员。取而代之的是由自组织团队组成的协调网络，它们被赋予了一线决策权。在实施量子管理的量子公司里，人人都是领导者，CEO 是领导者中的领导者。这不但需要截然不同的领导品质，同时也需要全新的量子领导力哲学和领导力愿景。

量子领导者的愿景

量子领导者践行着量子思维的本质，这种思维使我们超越了已知的认知边界。他们从更深层次的革命愿景出发，改变系统，发明新的范式，为新事物的发展扫清障碍。当今世界不乏这样的量子领导者：张瑞敏希望创建一家让员工能够充分发挥潜力的公司，与客户建立起一种前所未有的关系；史蒂夫·乔布斯想要发明一种技术，彻底改变人们的生活；埃隆·马斯克则一次又一次地实现了别人从未想过或认为不可能的事情。

量子领导者实现这一点不仅仅是因为“做”，更重要的是因为“存在”。他们是真正意义上的“服务型领导者”，服务于未曾诞生的可能性，而这对于企业的深度转型至关重要。

在量子科学中，整个现实的存在便是巨大的潜力，它在量子真空的无限潜力海域中等待被挖掘。其中一些潜力需要“观察者”存在才能被挖掘。员工们都过着自己的生活，问着自己的问题，做着自己的实验，发起自己的项目。量子领导者对于他们作为共同创造者角色的认同感可以提升他们的角色价值。量子领导者们不拘泥于服务公司、同事、市场、产品以及人们通常理解的愿景和价值观，他们服务于召唤独角兽的渴望。他们的服务帮助他们建立了盈利且成功的企业，为商业世界和人类福祉增添了新的维度。量子领导者是量子真空的服务者，是宇宙中心及其多重潜力的服务者。

大多数企业家创业的原因是当他们着眼于市场时，发现了提供新服务或新产品的机会，或者是由于他们具备某项特定的技能或天赋。但是，量子企业家的动机更具有精神性，它源于内在的需求和深厚的激情。他们会说：“这必须存在！这一定要发生！我必须这么做！”

《孙子兵法》开篇有言：“将听吾计，用之必胜，留之；将不听吾计，用之必败，去之。”[①]人类首先是有意义和目标的生物，这是我们作为一个物种的定义的一部分。人类的魂商让我们能够寻求人生的意义和目的，而当我们找到时，我们便获得了一种生活和工作的方向感。我们将变得更有动力、更高产。效力于卓越远见公司的员工很容易找到这种意义和目标感，这是因为领导者自身的使命和热情渗入企业文化，并且根植于他们日常工作生活面临的挑战和机遇之中。

① 这段话意为：“如果将帅能够听从我的计谋，用兵作战一定会胜利，就留下他；如果不能听从我的计谋，用兵作战一定失败，就让其离去。”——译者注

量子领导者的哲学

《孙子兵法》中孙子所概述的五大成功领导力原则之首是“知吾道”。意为了解定义你的战略任务的价值观和原则，并将它们融入你所领导的文化之中。在本书的第一部分中，我阐述了许多相同的观点，如哲学思想和价值产生于新的范式和世界观，而当前新的范式和价值观则源于量子物理学及其描述的量子宇宙的定义原则。我深信量子管理以及它在海尔人单合一管理模式中调整的实施决策，能够使领导者致力于一种新的领导和管理理念，其本身也是一种新的人生哲学。

量子领导者深知，万事万物相互联系并属于其他事物的一部分，因此领导者及其公司都是宇宙本身的一部分。公司实现可持续、成长和创新的最佳方法是，领导者遵循同样适用于其他量子系统的原则，并将其应用到公司业务结构调整的优化之中。

量子物理学告诉我们，我们生活在一个参与式宇宙中。人类通过问题、决策以及项目等，共同创造了现实，创造了我们生活的世界。量子领导者十分清楚自身在创造世界中扮演的角色以及应承担的责任。作为企业领导者，他们通过创建优质企业来履行这一责任，这些企业为社会创造了财富，为他们的股东、员工、客户和他们所在的社区创造了一个更美好的世界。其中当然也包含了保护自身及其公司赖以生存的环境的责任。量子领导者懂得如何放权，但从未放弃过责任。他们时刻身兼重任，总领任务的指导和执行，是公司愿景、公司士气以及企业文化的核心。

量子物理学告诉我们，在构建我们称为“世界”的共享现实网络的过程中，每个人都扮演着独特的角色，公司的每一位员工都是世界创造的积极参与者。量子领导者知道，他们的组织里没有“小人物”，没有

“不重要的人”。每个员工都是企业平等的合作伙伴，是企业成功平等的贡献者，人人都是领导者。量子领导者可以认识到每个员工的独特价值，不管其角色或地位如何，都给予每个人莫大的尊严和尊重。

量子领导者知道，宇宙本身和人类均具备无限的潜力。他们致力于为每个员工提供发挥员工自身最大潜力的机会，因为他们深知这是最大限度实现公司潜力的前提。他们也重视市场和客户需求的无限潜力，并不断通过结构创新、产品创新和服务创新来寻求更充分挖掘公司自身潜力的方法。

量子领导者了解，生命系统是宇宙中最复杂、最有创造力的系统。他们懂得生命本身的价值和希望，因此他们致力于通过提供报酬与改善工作环境来确保员工的最佳生活质量，通过提供优质的产品和服务来最大限度地提高客户的生活质量。他们不希望员工对工作环境忍气吞声，不希望用户对产品和服务委曲求全。量子领导者始终希望赋予价值，增加价值，以丰富生活的层次。

量子领导者知道，宇宙本身是一个生态系统，它通过建立前所未有且无边界的关系来挖掘自身的潜力并不断创新。他们致力于通过培养和发展员工以及公司内部自组织团队之间的内部协作、双赢关系来建立内部生态系统，通过培养和发展与客户、社区及其他公司之间合作双赢的关系来建立外部生态系统。他们以实现“零距离”为己任。

量子领导者的性格特质

一个企业领导者的好与坏通常是靠其为股东创造利润的能力来衡量的，而不是基于他们的性格特质，事实上很多领导者甚至是靠强硬的或缺乏原则的行为而受到钦佩的。“一切照旧”的商业文化之所以存在，主要源于贪婪、利己主义和非道德决策等因素，亚当·斯密更认为它们是资本主义的基础假设。行使和利用权力的能力固然十分重要，但任何道德上的缺陷和后果都理应受到谴责。道德缺陷的确会对企业产生负面影响，例如腐败是导致领导力危机的重要因素之一，但如今我们更加看重领导者的性格特质而非其行使权力的能力，这一转变有着诸多原因。

我们看到，企业如果想在面临21世纪的挑战时变得更敏捷，更有弹性，领导者必须放弃大部分他们习惯使用的权力。作为量子领导者，他们的职责是激励并服务于员工，使其成为企业文化的榜样。因此，领导者的性格特质和诚实与否变得极为重要。我们能相信他们会支持我们吗？他们是否言行一致？他们对我们是否坦诚？他们是我们可以敬仰的人吗？因此，对于量子领导者而言，重要的不是他们的行为，而是他们自身。这需要一条截然不同的领导力发展道路。领导力的发展已转变为个人发展和性格发展。

个人发展所需的最重要的过程是提高自我意识，学着认识自己，认识在不同情境与不同人交往时的自己。了解自己的情绪，明白什么能让我们快乐，什么会让我们恐惧。我们应如何对待他人以及为什么？我们最渴望的是什么？让我们退缩的恐惧和犹豫又是什么？我们的动机是什么？如何获得更高、更积极的动机？为什么有些事情让我们生气？我们如何更好地控制情绪？为什么我们觉得有些事情很难？为什么我们有时让自己难堪？为什么我们要控制事物？等等。提高自我意识是一个终生的过程，因为认识自我也是如此。随着时间的推移，我们不断改变，不断成长，我们需要时常追赶自己，了解自己所处的位置，为下一步设定目标。自省和自我意识培养了我们的情商，能够去理解、共情并引领他人。每个人都是独一无二的，同时又有许多共同之处。

性格的另一个重要维度是脆弱性以及它所创造的真实性。在我们的认知中，商业领导者就应该是坚不可摧的，他们拥有一切问题的答案，所有人都可以依赖和求助，他们还可以促成正确的事情发生，从不会说“我不知道”或“我需要帮助”。但他们从来都不是全能的超级英雄，只是他们必须伪装，这使得与他们一起共事的人都变得不真实了。这营造了一种虚假的企业文化，似乎每个人都知道自己在做什么，永远不会犯错，永远不需要帮助，也导致了当前主导众多企业文化的恐惧和风险规避，以及相互掩饰和指责的游戏，增加了许多无能之辈。然而，量子领导者谦逊、诚实，充满智慧，他们勇于承认自己脆弱的一面，有时也会犯错并需要别人的帮助，无论是关于他们的投入、专业能力，还是他们看待事物的不同方式。量子领导者能为我们树立榜样，营造出一种相互信赖、极具安全感的企业文化，同时也能带来信任建设的基石——真实性。

如今，性格也是衡量能力的一大重要因素。在零距离的量子世界中，没有公司或组织是一座孤岛，仅仅有某一领域的专业知识已满足不了高效人士的需求。对于商业领导者而言，此等局限和狭隘是无能的表现。因此，性格的广度和深度是至关重要的，它是一个人持续的成长轨迹。正如要竭尽一生才能认识自己一样，成为自己也需要持续一生。每个人都有无限的潜力，但这份潜力必须挖掘和培养，才能成为现实。量子领导者一生致力于自我修养、学习和探索，他们总是在拓宽自己的眼界，丰富自己的技能，接触新的思想、新的人和新的情境。他们很有修养，懂得艺术和科学界的伟大思想。他们清楚自己处于一个快速且不确定的复杂世界中，他们所需的知识、经验可能来自世界上的任何地方。他们性格的形成源于他们拓宽自己所做的努力，他们知道如果要创造世界，必须先创造自己。

量子领导者还致力于成为更好的人。道德修养长期以来一直是中国哲学思想的基本原则。信奉孔子的人相信“人之初，性本善”。但我们需要用一生的时间来培养并发展这份善意。这是世界上所有伟大精神传统的宗旨，也是大多数精神仪式和修行的意义。量子领导者对道德修养的信奉将使他们的领导成为一种灵性修行。

量子领导者：危机领导者

在新冠肺炎疫情暴发的最初几个月，《纽约时报》等媒体上有几位专业人士评论道，当下的美国迫切需要一位危机领导者，但对于其应有的品质又众说纷纭。许多人认为，21 世纪的领导者本质上必须是危机领导者，而他们所阐述的危机领导者应具备的品质为如何成为一位量子领导者提供了很好的总结。

- 领导者制订计划时应高瞻远瞩，言语坦诚，行为具有高度自适应并时刻能够感知情境及其对队伍的影响。
- 领导者应在混沌中保持镇定。
- 领导者需对团队坦诚，尽管可能会引起不适。
- 放弃而非享受权威。复杂世界中的抗争需要迅速且明智的行动……组织即将开展行动时，团队成员应迅速独立决策，而不是等待指示。在危机时刻，“勒紧缰绳猛拉回来”是极具诱惑力的，但其破坏性远远大于益处。建立联系，基于自身的“前线”认知去倾听、适应。
- 更具同情心。
- 使用数字通信与同一领域中的人保持联系。
- 联结、学习、倾听和激励团队。

在本书第 5 章中我们提到，道家哲学认为，人是联结天地的桥梁。量子哲学同样反映了这一点，它认为人类存在的目的是将宇宙之“理”应用到地球的建设之中。量子领导者们通过创立量子公司，遵循宇宙之“理”来管理公司，正是为了实现这一目的。

第12章
量子领导力的12项原则

我们发现，如果想成为一名量子领袖，就必须先成为一个好人，一个值得别人信任的正直之人。更重要的是，他愿意身体力行，激励别人，他的存在和人生可以为他人指明方向。他一定经历过前所未有的修身养性，走过自我创造的量子道路，他能够迎接生活中的挑战，追求更高层次的目标，激发他人的潜能并使自己成为领导者。通常来讲，根据《圣经》中十诫的精神，诸如此类的领导力指南都会提供一套固定的公式、程序或规则，但实际上这违背了量子范式和量子组织的精神。每个量子人都应该像量子公司那样独一无二，而量子领导力的指南中应该蕴含一套通用之"理"，能使每一位领导者都以一种自组织和自适应的方式遵循。

然而，量子领导者应该遵循哪些原则呢？"领导"一词中的"领"即领会，"导"即道，中国人普遍认为领导者的职责是领会宇宙和自然之道，并将其应用于人类世界。如今，许多复杂性科学家也纷纷认同这一观点。复杂经济学家布莱恩·阿瑟（Brian Arthur）和物理学家杰弗里·韦斯特等人认为，诸如公司和城市之类的人类社会系统，在作为复杂适应系统（即活性量子系统）时发挥着最佳的作用，这也是本书最重要的论点之一。因此，量子领导者应遵循相同的系统定义原则，接下来所详述的量子领导力的 12 项原则，与量子系统以及复杂适应系统各自的 12 个特点有所对应，对应关系如表 12–1 所示。

表 12–1　量子系统、量子领导力以及复杂适应系统的对应关系

量子系统	复杂适应系统	量子领导力
自组织	自组织	自我意识
不确定性	有限不稳定性	自发性
涌现性	进化性	愿景及价值引导
整体性	整体性	整体性
语境主义	与环境对话：自适应	同理心
潜力	进化突变	拥抱多样性
波函数坍缩	外界控制：破坏性	场独立性
海森堡的不确定性原理	探索性	刨根问底，质疑精神
创造新的现实	重构环境	重构的能力
参与式宇宙	系统中每个要素都至关重要	谦逊
消极和积极的宇宙力量	从混沌中恢复秩序	积极利用挫折
驱动朝向复杂性	驱动朝向增长	使命感

量子领导力的 12 项原则

» 原则 1：自我意识

苏格拉底曾说：“认识你自己。”拥有这种自我意识需要知道我是谁，信仰什么，重视什么以及我的动机是什么。还需要了解自己作为一个人和一个领导者的优缺点，我是如何影响他人，而他人又是如何看待我的。明确自己的人生目标以及它是如何与作为领导者的目标保持步调一致的。我是否意识到，在我的心里有一个罗盘，它指引着我前进的方向，以及是否存在着一个超越本我及其烦琐日常的深层次的自我意识。

> 自我意识原则：与复杂适应系统具备自组织性、量子系统会随环境变化而自发重组有关。

» 原则 2：愿景及价值引导

按照原则与深度信念行事，并以此生活。时常思索自己的价值观并忠于此价值观；渴望有所作为，让世界变得更美好；理想主义；渴求“未诞生之物”；积极进取；备受启发且鼓舞人心；自己和公司具有远大的愿景，而非局限于当下的目标。为我们的人生和公司赋予意义，了解这一切是为了什么。

> 愿景与价值引导原则：与复杂适应系统维持自身发展和经历演化增长这两大目标驱动有关，它们是涌现的、富有创造力的。量子关系是涌现的，推动宇宙朝着更复杂、更秩序化和信息化的自然方向演进。

» 原则 3：自发性

成为一个可信之人，领导一家敏捷的企业，必须具备自发反应的能力。具有高度自发性意味着活在当下，并能对此时此刻及时做出回应。能够识别不同情境所需，保持足够灵活以相应地调整决策与行动。不从过去寻找理解和答案，着眼于当下的人和事。放下假设和局限思维的包袱，放下前人“智慧”与成功的包袱，放下过去不满或失败的包袱，放下理论和意识形态的包袱。透过孩子的眼睛看世界。自发性并不等于一时心血来潮，心血来潮根本不需要思考。相反，自发性是自适应思维的重要特征之一。

> 自发性原则：与复杂适应系统的有限不稳定性有关。这些系统趋向混沌的边缘，处于极端不稳定的区域，因此需要保持必要自适应，以便对环境的变化做出自发性和创造性的响应。量子非决定论也为量子系统的演化提供了同等的自适应。

» 原则 4：整体性

具有整体性思维的人往往善于看到更广阔的模式、关系和事物间的相关性。对特定情境下的关系保持敏感，并建立良好的关系。具有整体的归属感，把自己公司看作一个系统以及一个更大系统的一部分。认识到万物互联，我们与每件事、每个人相互联结。意识到没有所谓的分离，并采取相应行动。知道我们所做的每一件事、每一个决策，都会或多或少地影响自己和他人。看到每一个问题至少有两个方面，在差异中也蕴含着潜在的整体性。能够从有限当中看到无限的事物，从事件与情境中看到更深层次的模式。

> 整体性原则：与复杂适应系统的整体性有关。每个部分都与其他部分相互关联、相互依赖。系统中没有内部边界，没有孤立分离的部分，量子系统尤其如此。

» 原则 5：场独立性

场独立性是指能够公然违抗大众，坚定自己的人生信念。要有力量和勇气去做我们认为正确的事情，即使每个人都说那是错误的。要有不受欢迎时的韧劲，被嘲笑或排斥时的不屈服精神。在面对诱惑或批评时，忠于自身原则，时刻保持自我批判精神，警惕狂妄自大以及自己思想的诡计与陷阱。这些能让我们免受侵扰，并反思现实。

场独立性原则：与复杂适应系统的创造力会被外界的控制而破坏有关。一旦实行外部控制，复杂适应系统就会失去自组织的特性，退化为简单的牛顿系统。场独立性也与观测量子波函数的坍缩有关。

» 原则 6：谦逊

明智的领袖总是警惕自己头脑的无知和内心的邪恶。世上没有完美的人，也就没有完美的领袖。量子领导者时刻保持谦逊，并且深知这一点。曾子曰："吾日三省吾身。"谦逊能让人意识到自己不过是一部大戏中的小角色，并对自己在真实世界中所处的位置有清晰的认识。克服傲慢和自负，没有人是全知者，也没有人一无所知。清楚地知道自己何时力所不逮并主动寻求帮助和建议，我们也可能犯错。愿意认可并且尊重他人的专业领域。愿意信任他人。不必总是做到最好，也不求总是成为老板。

谦逊原则：与复杂适应系统中的每个元素都至关重要且相互依赖有关，也与量子宇宙是一个参与式的宇宙有关。

» 原则 7：重构的能力

重构需要跳出某个特定的情境或问题，着眼于全局，站在更大更广阔的全新语境中看待问题与机遇，转换自身的思维方式。当我们跳出某一问题或决策时，我们可以从观察自己的行为、思考中获益。以一个中立人、第三人的身份从远处观察自己，让我们成为自己的教练或顾问。从以上客观的有利位置来看，我们会发现支撑我们思考或决策的假设或习惯，进而更好地掌控自己的情况与问题。我们可以询问自己一些创造性问题，例如，如果我放弃这个假设，于我而言会有什么不同呢？如果我选择这样做而非那样做，情境会有所改变吗？如果……大脑开始源源不断地滋生新的想法、新的问题以及新的可能性，那我们就会逐渐改变我们构建事物的方式，发现自己成了新情境下新的参与者，现在正以不同的方式对待事物，做出新颖的、更好的决策。在本章的后面，我将总结反思过程以帮助我们培养重构的能力。

重构原则：与复杂适应系统重构了它们的环境有关，量子系统通过关系发展出了新的涌现性的特征。

» 原则 8：刨根问底，质疑精神

深入了解事物，探究它们的本源。渴望知道事物的运作方式、发生的缘由，或我们被要求做某事的原因，想要理解事件背后的逻辑。不愿将事物视为理所当然，进而质疑它们的原因和基础。具有探究精神、学习热情和好奇心。问问为什么我们与他人行事一致，质疑自己和他人的假设，勇于打破现状，总是想深入探讨一切问题。询问事物是否会有所不同或改善，重视好的问题，而不是执着于有限的或短期的答案。思考人生的“大问题”。

刨根问底原则：与复杂适应系统的探索性有关，通过实验与提问，量子潜力转化为了现实。

» 原则 9：拥抱多样性

让自己接触不同的事物、经历、想法、案例。寻求能挑战或拓宽思维的想法和观点，并敞开心扉接纳别人。认识到拓宽自身的知识和经验对于欣赏和理解他人是至关重要的。意识到真相是多方面的，甚至可能是无限的，没有“唯一最好的办法”。能够尊重异己的观点，甚至从中

受益。跨出舒适圈，逐步拓展其边界。能够挑战自己的假设和偏好。欣赏他人的差异，而不是鄙视。

> 拥抱多样性原则：与复杂适应系统的转变依赖于进化突变有关。突变对于系统未来新的涌现结构起着创造性的作用，突变及突变的质量在地球生命的可持续发展中扮演着关键的角色。量子思维使得我们能够拥有并欣赏两种看似对立的信念或想法，并且在许多情况下，两者可能都是正确的。量子实体作为粒子和波同时存在，并可以同时出现在任何地方。

» 原则 10：积极利用挫折

《孙子兵法》有言，胜利源于在问题中发现机遇。众所周知，“危机”一词中包含“危险”和“机会”两个要素。积极利用挫折是一种从错误中学习，从挫折和苦难中成长，并将问题转化为机遇的能力。在考验中变得更坚强、更睿智，即使我们认识到并非所有问题都有解决办法，但我们仍能砥砺前行。充满韧劲，倔强，能够正视自己的弱点并加以克服。

> 积极利用挫折原则：与复杂适应系统从混沌中恢复秩序的能力有关。系统中的“负熵”为虚无的情境带来了新秩序和新形式。在量子物理学中，宇宙中的积极创造力战胜了熵的消极毁灭力。

» 原则 11：同理心

同理心意味着“感同身受”，能够感受到别人的感受，经历别人的经历，关心他们的困境，并希望尽可能减轻他人的痛苦和负担。我们是一个整体，因此我便是他人。我们是兄弟姐妹们的守护者，我即是兄弟姐妹。感受到这种共同的人类纽带，甚至对敌人或威胁到我们的人渐渐有所理解，从而使宽恕成为可能。尊重他人并照顾他人的尊严，像我们希望别人如何对待我们那样去对待别人。

> 同理心原则：与复杂适应系统与环境的共创性对话时的自适应的品质有关，也与量子系统存在和身份的语境主义性质有关。

» 原则 12：使命感

“使命”（vocation）来自拉丁语“vocare”一词，其原意为接受神的召唤。人类最初的职业是那些奉献一生服务于神的僧侣。拥有使命感的人会感受到召唤，从而去服务，去回报，去让这个世界变得更加美好，或者具备一种为世界带来新事物的热情，一种注定如此的感觉。我们在投身工作和生活的过程中找到了践行这一目标的方法，因此工作和生活便是我们的祷告、贡献和服务。我们为世界负责，并通过行动和承诺来承担这份责任。使命感远比抱负和目标更深刻。使命感是生活中的目标感和方向感，是我们存在的意义，它让我们找到了实现这一目标的人生道路。使命感是服务型领导者和企业家的关键品质。

> 使命感原则：与复杂适应系统推动宇宙朝更复杂、更秩序化和更信息化的方向演进的积极力量有关，也与复杂适应系统中维持自身发展及演化的生命力有关。

反思性实践

反思性思维是量子思维的主要技能之一。若想从 12 项量子领导力原则中最大限度地获益，最好的方法就是将其作为日常反思性实践的指南。起初，这个实践只是我为自己设计的，随后我发现它是一种十分有效的方式，不仅能够更好地了解自己，而且可以以更广阔的视角看待每天发生的事情与互动。毫无疑问，任何形式的反思均可以增强自我意识和情境意识，但如果反思能集中在 12 项原则上，就可以帮助我们更好地生活和领导。在反思过程中，我们可以提出前面所述的各种问题。

反思性实践最好是在一天将要结束时，在一个安静的地方进行，舒适且不受干扰。就我而言，反思时，我会走进客厅，关掉灯，坐在火炉旁边，点几根蜡烛，渐渐进入舒服的状态，将注意力转移到身体上，感受身体的感受。身体哪个部分紧张或不舒服？我的胃里有肿块吗？我的呼吸是快还是慢？我头痛吗？脖子僵硬吗？我在紧握拳头，还是坐立不安？我们的身体如同思想的垃圾桶，一整天的压力事件都被困于此，阻塞了身体能量的自然流动。

当我们意识到身体的不适时，就可以开始问自己："它是什么？"今天发生了什么不愉快的事？工作中发生了什么意外？与家人的交流如何？我是否被问题所困？是否因事情太多而不知所措？是不是什么人或事让我感到沮丧？如果这些问题的答案增加了身体里的紧张感，则需要进一步询问，即开始问自己："为什么？"

为什么今天的那番交流让我感到心烦？我为什么会对这样的事情感到沮丧？是什么让我在那种情况下变得脆弱了？是我的言行导致了那种情境吗？我为什么要那样说或那样做？我能否换个方式处理？我能避免吗？如果能，为什么我没有呢？我之所以进行这样的交流是因为我的某种习惯或性格倾向吗？我为什么会这样？我可以改变吗？为什么？"为什么"都让我们更深入地了解了情境，了解我们对待人或情况的方式。它展现出我们之前便意识到的假设、习惯和态度，也为我们提供了更广阔的视角来看待他人及其问题。

对于日常生活中某些令人不安事件的反思过程并不是无止境的。反复地询问"为什么"会产生一种洞察力，让身体深深地松一口气，紧张感也会随之消失。同时，这也将对血压、思维清晰度和睡眠质量产生积极的影响。这些可以被视为日常心灵的净化行为，以及日常增强自我意识和自我掌控的行为。

人类是一种会提问的生物，尤其是会提出关于意义的问题。如果我们回顾一下海森堡的不确定性原理，我们就会知道是问题创造了答案，也是问题梳理出了量子现实的潜力以及我们思想和存在的潜力。问题创造出了我们生活的世界，还可以肯定的是，问题也造就了我们每个人。通过在每天结束前探究一系列“为什么”的问题来审视自己，我们能挖掘出隐藏的潜力以及经验，并做出一些规律的自我创造活动。成为更好的自己能让我们成为更好的领导者。

在量子组织中，所有员工都是领导者，量子领导力的 12 项原则必须成为组织文化的基础，继而鼓励所有人遵循并实践。

第 13 章
量子领导者的思维原则和技能

不同的时代需要不同的领导者以及不同的领导力技能。著名的量子物理学家戴维·玻姆有言："世上的一切问题，皆源自思维的问题。"如果要改变世界，我们就必须从根本上转变思维模式。在量子时代，最重要的与时俱进的领导力技能便是领导者的思维能力和思维习惯，它们能激发持续创新，最大限度地发挥人的潜力，在不确定性和快速变化中保持蓬勃发展，它们能认识到事件、人类及其需求的相互联结并从中受益。

至此，我们已详尽地阐述了我们为构建和领导能在 21 世纪蓬勃发展的组织所需要的思维模式上的根本转变。接下来，我们将介绍领导者具体的思维习惯。

直觉思维与创造性洞察力

这里所说的直觉思维并非大多数人所具备的快速的、本能的直觉，而是无须深思熟虑便能做出最佳对策的直觉，这种直觉通常能在一些没有明显思维逻辑的行动与决策中发挥重要作用。丹尼尔·卡尼曼（Daniel Kahneman）在他的著作《思考，快与慢》（*Thinking, Fast and Slow*）中指出，直觉实际上是一种“不假思索的思考”且往往是错误的，一旦认真思考，便会做出截然不同的选择或决策。

在本章中，直觉作为创造性洞察力的来源，指的是一个漫长、缓慢的沉思过程。这个过程可能会带来意外的突破和创造性洞察力，为我们提供全新的理解和看待事物的方式。它伴随着一种“顿悟”的惊奇感，一种“横空出世”的全新理解和愿景，同时还伴随着一种确定性。它比循序渐进的逻辑思维下的确定性更深刻，也更广泛。对于这一闪现的创造性洞察力的逻辑梳理，我们可能会花上几个小时、几个星期、几年，甚至我们要用一生的时间来彻底理解这一顿悟的时刻。

物理学领域的牛顿和爱因斯坦，音乐领域的莫扎特和贝多芬，绘画领域的凡·高和毕加索，都具备这种直觉，我们称他们为“天才”。相对较弱的实例有重大突破背后的创新者史蒂夫·乔布斯、马克·扎克伯格、埃隆·马斯克，以及伟大的商业思想家及领袖，如弗雷德里克·泰勒、彼得·德鲁克、杰克·韦尔奇、马云和张瑞敏。更普通的实例是我们日常生活中具有天赋的老师、经理、设计师、园艺家、父母以及孩子们。我相信，只要我们懂得如何保存和培养，每个人都能拥有这种创造性洞察力。这些是量子领导者十分熟悉的技能，完全可以通过某些品质来培养。能帮助我们产生创造性洞察力的量子领导力原则如下所示。

» 拥抱多样性

神经科学的诸多研究表明，能够获取更多数据，拥有更广泛的知识、更丰富的经验，并且可以在潜意识中反思并发现新关系的人往往具有更多突破性和创造性的见解。英格兰银行前行长默文·金（Mervyn King）在谈到创造性决策时表示："在日常生活中，我们需要更多元化的方法和模式来面对独特的情况和挑战。"因此，我们会不断地思考，通过体验陌生的经历，广泛阅读各种书籍来不断地培养我们自己，为我们提供创造性的精神食粮。金还指出，团队中的协作性思维可以帮助我们更进一步丰富所汲取的数据和经验。他指出："不确定性下成功决策的制定是一个协作的过程……我们在团队中倾向于做出更好的决策，因为在极端不确定性的世界中，团队会掌握更多的信息。"

» 开放性（接受性）

倘若创造性洞察力源于潜意识，我们就不得不将忙碌的日常活动带来的"猕猴式思维"平静下来，保持左脑的专注力。我们需要安静地坐着，心无旁骛，敞开心扉，倾听内心深处的声音。沉浸式的冥想体验可谓行之有效的。对于那些很难静坐的人来说，可以通过更积极地专注于与日常工作和当下试图解决的问题无关的事情来转移注意力，比如打高尔夫球、散步、做饭或者听音乐等，以释放我们的直觉。许多报道都宣称，人们在深度睡眠中更容易取得创造性的突破。

» 自发性

当我们处于自发状态时，我们乐于接受当下及其带来的一切，全神贯注，不要让思绪停留在他处。我们在静坐的同时，应尽可能处于自发的意识状态。

» 整体性

神经科学的研究表明，有创造力的人更倾向或更有能力看到毫不相关的想法或事件之间的关系，即"彼"与"此"之间的联系。这一深刻的洞察力引发了"顿悟"以及全新发现。当我们在理解日常的情况和事件时，通过练习寻找正在发挥作用的联系，就能增强潜意识发现更多关系的能力。

» 刨根问底

提问者会训练自己的专注力以寻找更多的答案。在每个创造性直觉的行为背后，总有一个声音在问“为什么”“怎么样”“是什么”的问题这些人通常在不知不觉中找到更多新的和更深层次的理解。

» 重构

根据定义，借由直觉获得的创造性洞察力是对先前理解的彻底重构。

反思性思维

在上一章中，我对反思性实践进行了总结以帮助我们更好地遵循量子领导力的 12 项原则。我们可以看到，跳出特定的情境或情绪，以一种更冷静、超然的态度看待问题，是一种对于反思性思维至关重要的能力。反思性思维有助于我们理解事物的内在含义、发生的原因以及从中得出的结论，有助于我们理解自己与他人的行为、决策及其背后的原因，从而为参与更有益的行为或者制定更好的决策提供机会。反思性思维还可以帮助我们从纷繁复杂的信息与情境中遴选出相关重要的数据。能帮助我们进行反思性思维的量子领导力原则如下所示。

» 自我意识

我们对于情境的直接参与和问题的专注，使得我们很难跳出当下进行反思，强烈的情感以及对特定思维模式和行为方式的坚持让我们自己也成为问题的一部分。只有当我们跳出情境看到自己的融入，看到自己怀有的假设、偏见及情感时，才有可能进行创造性的反思，思考它们所扮演的角色是反思过程中十分重要的一部分。

» 刨根问底

借由跳出情境所获得的空间让我们可以扪心自问，我们展现出的情感和坚持背后的原因是什么？到底是什么让我们感到愤怒？这种情境总能惹怒我们吗？为什么？为什么我们生气的时候会有这番行为？这对情境有什么影响？这说明了什么？为什么我们对某种信念如此坚定？我们是否急于判断或得出结论？我们是否能够放眼全局，以批判的眼光来看待所有的论点或可能性？为什么不呢？让我们看看问题到底是什么造成的？如何从不同的角度来看待问题？

» 谦逊

倘若我们自诩全知，通晓一切最佳答案，我们便不会拥有突破性洞察力所需的接受能力和开放性。自我批评并认清自己在消极处境中的作用的能力是有效反思的前提。我们必须谦虚地承认我们可能是错的，然后问："为什么？"当然，倾听他人的声音也能够滋润反思性思维。

» 拥抱多样性

丰富多样的可供借鉴的知识和经验能使反思更具有创造性。

语境思维

《孙子兵法》中阐述了战略的核心要素，即"知己知彼""故经之以五式，校之以计而索其情：一曰道，二曰天，三曰地，四曰将，五曰法。”[①]其中当然也不乏敌人的动机、心理状态以及自己定位与他人定位之间的关系。同样地，默文·金和约翰·凯（John Kaye）在阐述极端不确定性下的决策时，提出了一条重要建议：“不断询问‘发生了什么’。”他们指出，在面对极端不确定性时，没有人能够做出最理性的决策。相反，通往理性决策的道路有许多条，选择哪一条路取决于当下所处的整体语境。因此，我们应该不断询问：“在这个语境之下，发生了什么？”

量子物理学为孙子和默文·金的建议提供了坚实的理论基础。它告诉我们，只有当我们知道一个事物或情境的整体语境，即了解它与什么有关，进而了解影响它的因素，我们才能够彻底地理解它。毫无疑问，对于语境思维最重要的量子领导力原则是“整体性”。

整体性

我们意识到万事万物相互纠缠，意识到公司不是一座孤岛以及公司所处的关系网络及其影响，包括自然环境、气候环境、政治和经济条件、公共卫生、客户、合作伙伴、员工能力、士气、动力和竞争等，构成了我们所处的动态系统。语境思维实际上是一种系统思维。因此，在制定所有的战略决策时，我们必须始终询问：“在公司所处的整个系统中，影响运作的因素和参与者有哪些？它们对公司业绩有什么影响，我们是否有相应的反应模式？”

① 此段意为：“因此，要从以下五个方面分析研究，通过对双方基本情况的比较，以探求战争胜负的情势：一是道义，二是天时，三是地理，四是将帅，五是法规。”——译者注

批判性思维

批判性思维让我们能够进行独立思考和独立判断，能够区分好与差的论点以及评估事物的相关性。批判性思维使我们的假设和偏见得以显现，它们或许正在某种策略或思路中发挥着作用，批判性思维让我们能够在必要时超越或改变这些假设和偏见。帮助我们培养批判性思维的量子领导力原则如下所示。

» 自我意识

能够识别自身的假设和偏见，能够看到自身的思想或行为在消极的处境或拙劣的策略中可能发挥的作用。

» 场独立性

我们必须跳出团队的假设，观察它们如何对我们的行为或策略产生消极的影响。我们必须勇于并且乐于质疑权威，不管这个权威是来自自身还是来自他人。

» 重构

一旦我们意识到当下的假设和偏见可能会导致糟糕的处境或策略时，我们就必须重新思考，以新的角度看待问题和情境。

自适应思维

如今所有的领导者唯一能确定的便是未来的极端不确定性，我们根本不知道明天会发生什么。正如希瑟·麦克高恩（Heather McGowan）和克里斯·希普利（Chris Shipley）在他们的著作《适应的优势》（*Adaptive Advantage*）中所说："为了在未来的工作中蓬勃发展，我们必须更为敏捷和灵活，善于学习和忘却，以此持续地适应变化。"其中最契合自适应思维的量子领导力原则如下所示。

» 自发性

自发性是敏捷性的本质。活在当下，及时回应此时此刻的问题。我们必须认识到，过去行之有效的方法可能不再适用于现在，未来的计划也不应过于依赖过去，当下才是唯一的行动指令。

» 拥抱多样性

同样地，我们拥有的知识和经验越多，就越能敏捷地应对突发情况或事件。我们必须培养对学习的热爱，并认识到学习是终生的事业。

» 积极利用挫折

自适应思维和自适应行为最大的敌人便是恐惧，失去一切的恐惧、放手的恐惧以及未知的恐惧。这种恐惧源于对自身能力和灵活性的不自信，对生活和情境有其自身逻辑的不信任，从而导致我们更固执地倾向于熟悉的事物。恐惧让我们厌恶风险，而风险却存在于所有应对不确定性的策略之中。积极利用挫折需要具备面临全新挑战并“时刻做好准备”的信心、开放、包容，甚至是兴奋。

» 重构

面临突发情境时的敏捷适应力要求我们能够改变自己的视角，以新方式看待事件和情境，不断重塑我们的思维模式，从而制定新的策略。

道德成熟

道德成熟并不是人们通常认为的领导技能，甚至不是成为领导者的必然要求，然而，它是我们认可和珍视的伟大领导者的特性之一。我认为，道德成熟是成为量子领袖的先决条件。它反映了我们在行动、决策和关系中的敏感程度、体贴程度、负责程度、正直程度，以及受价值驱动的程度，也反映了我们做出承诺和遵守承诺的能力，以及承诺本身的深度。同时，道德成熟取决于我们能否保持开放的心态和公正的态度，是否具备领导者的角色意识以及履行领导者职责的能力。道德成熟的领导者是值得信赖的，他们能够激发被领导者的信心、信念以及他们最好的一面。员工或公民对于领导者不仅仅是钦佩或尊重，更是爱。我认为，一个道德成熟的量子领导者应具备基本的指导性直觉，即宇宙本身存在一种道德秩序，这种秩序必须反映在我们日常的行为与决策中。道德成熟需要终生修身养性，也就是我们所说的塑造“品格”。因此，道德成熟依赖于生活和量子领导力 12 项原则的实践。

ZERO

第四部分
量子组织

A New Paradigm for Living, Working, and Leading in the Quantum Age

DISTANCE

第 14 章
是什么造就了量子组织

“量子”的本质决定了量子组织不会被一张蓝图或一套公式定义。每个组织都将采用量子管理理论，适应其所从事的业务或行业需求，每家公司都将形成特有的组织文化。在本部分中，我们将详细分析几个不同行业的领头羊塑造量子组织的方式及其形成的不同企业文化，其中包括中国的海尔集团（制造业）、美国的通用电气家电（海尔子公司）、罗氏印度公司（医疗保健行业）等。然而，不同的量子组织一定有共通之处，我们在第 2 章中阐述过一些共通之处。

量子组织是整体性的

量子系统是整体性的。整体由部分构成，每个部分与其他部分相互联系，并且部分地由它与其他部分之间的关系所定义。在量子物理学中，关系有助于创造更多的事实和新的“现实”。事件都在特殊的“语境”中发生。

在当今的商业世界里，万事万物都相互联系。量子组织将自己视为一个无边界的且非层级的活性系统，其中每个元素都是通过与其他元素的关系被定义的。因此，量子组织的基础设施和文化鼓励建立关系，鼓励在领导者和员工之间，员工和同事之间，部门和功能小组之间，企业组织和客户、社区、整个社会及自然环境组成的生态系统之间建立关系。然而，机械的泰勒式组织模式下的筒仓式部门和职能往往互相竞争，无法建立起创造性的关系，只顾追求自身的利益。其他孤岛式的企业也是如此。这些由独立的、不协调的部门和公司拼凑而成，并受到来自四面八方冲击的陈旧的对抗模式，必须让位于动态的、合作的、一体化的新模式。在将各个部分组成更大的整体的同时，也要保证个体的完整性。

量子组织是敏捷的、响应迅速的、自适应的

量子系统和复杂适应系统具有不确定性，或者至少是不可预测的，它们处于秩序和混沌、现实和潜力之间的交界处，不确定性使它们变得更灵活，可以更积极地响应所处的环境，朝着任意的方向发展。

当今的商业世界是复杂的、混沌的，时刻都在快速变化着：技术不断革新，社会不断进步，客户和员工的需求和期望也在不断变化。公司必须能够迅速地适应这些并进行响应。机械的泰勒式固定模式，僵化的组织和职能角色，层级结构的管理和控制，这些都会使组织变得笨重而缓慢。在这个轻翼鸟型企业主导的时代，泰勒式公司更像笨拙的恐龙。量子组织的基础设施不像麦卡诺模型或乐高玩具般规整，而更像橡皮泥一样灵活，可随意改变形状。它们的产品或服务必须不断地创新。

正如我先前所述，量子组织更像爵士音乐的即兴演奏会，它应该具备允许自由发挥不确定性和进行实验的基础设施和文化，可以提出不同

的问题，思考不同的目标、产品和功能。员工的角色不再是固定的，他们被激励去演奏“不同的乐器”，尝试风险并实验不同的“配乐”，量子领导者是这一主题空间的把控者。

最后，量子组织应不惧怕混沌。中国古人将阴与阳、黑暗与光明、秩序与混沌间的平衡视为宇宙之道的本质和动力。如今的复杂理论告诉我们，只有在混沌中才会产生新的秩序。很久以前，我年仅两岁的女儿放学回到家后，她发现房间被打扫干净了，所有的玩具都被整齐地放在架子上，她抗议道：“空间太多了，我们需要一些混乱！”说着她便动起手来，将屋子里又弄得乱糟糟的。凌乱的屋子确实给房子增添了几分“家”的感觉，我的女儿只有在那里才可以自由创造。一个过于整洁的家就像各种规则堆砌的世界，抑或是存在诸多层级的公司。过多的秩序、过度整洁、过于遵守计划就如同被强加的外部控制，会削弱系统的创造力。

量子组织是自下而上的、自组织的、涌现的

量子系统和复杂适应系统是自组织的、涌现的，由关系构建的整体总是大于部分之和。这些系统利用混沌保持其创造性，时常会制造惊喜、更高的复杂性以及新的现实，通过不断挖掘潜力来确保自身的可持续性。

如今的公司必须通过不断创新来保持自身的可持续发展，人单合一管理模式正是凭借其自下而上的自组织来实现这一点的。在量子组织中，每个员工都是自己的领导者，自主进行工作和做出决策；员工是自组织的、自驱动的，自由地重塑着自己的工作、产品，以及员工与员工之间、员工与客户之间共创性对话的服务。量子组织去除了中层管理人员，CEO 放弃了所有的权力，量子领导者采取放手轻触的管理方式，更

多地作为导师或教练为员工提供服务，并提供他们确实需要的资源，从而确保了一个不断适应的、持续创新的、无比契合目标的组织的涌现。

量子组织依靠多样性蓬勃发展

量子科学和复杂性科学的本质是亦此亦彼，而不是非此即彼。物质由粒子和波组成，具有二者的潜力。量子系统探索了由 A 至 B 的多条路径，活性系统通过多次突变得以繁荣和进化。量子组织摒弃了“唯一真理，最佳方式或明确产品线”的旧愿景，采取了全新的指导原则，即一种包容市场、客户和员工，潜力多样性的多元方式。“独行其道”的世界早已大势已去，取而代之的是共同的愿景，共同的机遇，共享的责任及对话，它们明确了由 A 至 B 的诸多路径、市场机会以及员工无限的创新潜力。量子组织中具备不同责任层次的架构以及代表各种类型教育、职能、专业技能和背景的团队，以不同的思维方式面对挑战，解决问题，以不同的产品和服务适应不同的用户，从而实现“百花齐放”的景象。同时，组织也会遵循一定的指导原则，具备灵活的架构，正如保持行驶在正确航向的船舶，其同样享受着自组织的乐趣。

量子组织是生态友好的、生态系统的

常规生态学关注对自然环境的保护，相比之下，深层生态学的含义更为广泛，它将地球上的生命视为一个整体的人类环境生态系统，拥有一个以人类意义和价值为中心的维度和一个非人类中心的、以普遍自然生命为中心的维度。量子管理理论在其中增添了一个“同宇宙秩序相一致”的维度。

量子组织既保护环境和自然秩序，也为人类秩序（股东、客户、员工及其社区）创造价值。因此，它既对生态环境友好，又是人类生态系统的中心，这个生态系统包含了社区、组织内部团队之间的内部合作和伙伴关系以及组织外部与其他公司之间的关系。

正如所有机械式组织一样，泰勒式公司在人类世界和其他造物之间采取了自然的二分法。牛顿式组织利用环境开发自然资源，就如剥削自己的员工一般，它们与维护社区似乎毫无干系，时常会污染空气和水源。对于大多数类似的公司而言，甚至用户也被划入了“外人”的行列。但量子组织知道，它身处自然与社区之中，是自然与社区的一部分。它承认企业作为地球生态系统中的共创性伙伴，既是依赖者，也是保护者。它用绿色技术取代了工业时代以煤炭和石油为燃料的机器，这些机器污染了地球环境，造成了威胁到包括商业世界在内的当今一切事物的气候危机。它还找到了为废弃物去毒的方法。量子组织会投入大量的时间与金钱来探寻经济可行的解决方案，以满足那些势必影响环境的需求。它通过应用绿色技术，为市场生产环保产品，以此来维护自然秩序。

量子组织以愿景为中心、以价值为驱动

牛顿物理学认为观察者与被观察事物之间是割裂的，即观察者的目的、态度和价值观不会影响其所观察的事物。牛顿科学的确是客观的，然而量子科学描述了一个参与式的宇宙，其中观察者和被观察的事物之间存在着某种共创性关系，量子科学家提出的问题、所做的实验将决定被观察的事物，目的、价值观及假设构成了他们的实验结果。

传统的商业模式往往倾向于关注产品的利润最大化以及股东和客户之间的交易关系。公司通过巧妙地控制货品供应来操纵顾客的购物品位，他们试图营造产品匮乏之势，以满足顾客用“物欲填补精神空虚”

的社会幻想。然而，市场常常无法响应，客户会因此感到厌烦，而那时公司也就离倒闭不远了。

相比之下，量子组织更关注目标感，也更注重为客户的整体生活方式和需求创造机会、利益和服务，以及在客户之间形成互惠互利的共创性关系。量子组织会为用户带来价值，即提供能提高用户生活质量的高品质产品和服务，从而使客户的家庭更高效和人性化，为家庭环境增姿添彩，还能改善客户的健康，甚至使其生活更有意义。利润以及股东价值仍然至关重要，但相比追求短期利益，量子组织更倾向于长期可持续性的发展。量子组织是道德的组织。

明知脂肪、盐和糖含量高的食品会使消费者生病，却仍将其投入市场，此类食品公司不是量子公司，隐瞒危险或致命药物副作用的制药公司以及贿赂专家否认气候变化的石油公司都不是量子公司。量子公司知道，它们可以在为客户提供优质食品和安全药品的同时，采取保护环境的相关措施以获得健康的利润。它们拒绝不惜一切代价实现短期利润最大化的举措；相反，它们会通过建立长期的客户忠诚度和信任感，确保自身的长期可持续性发展。在我早期的一本书中，我将这种道德的、长期的、高价值的方法描述为“构建精神资本”，在接下来的章节中我所介绍的每一家公司都在某种程度上采用了这种方法。

第15章
海尔：创客文化

> 如今，我们无须再向西方看齐，无须只通过苹果、亚马逊或谷歌来学习大型公司的管理经验与创新。相反，我们建议你放眼东方，特别是海尔集团，也许它会成为你新的企业基准，在我们的眼中，它已是当今时代最具开拓精神的企业。
>
> 企业叛逆者

海尔是全球最大的家电供应商，也是全球最大的物联网公司之一。正如企业叛逆者所言，它也许是目前世界上最具开拓精神的企业。作为首家实施量子管理理论的跨国公司，海尔每年会吸引上万人次的访问，并成为许多大学课堂上案例研究和杂志专题研究的主题。目前市面上也不乏关于海尔及其人单合一管理模式的著作。在本章中，我将会对海尔的主要特点进行总结概述。

海尔 CEO 张瑞敏被视为当今世界上最“激进”的 CEO，也被誉为中国的“哲人 CEO”。他说他渴望将中国传统智慧和哲学理念运用到自己的管理模式中，以适应当今物联网世界的发展。他每年会读一百多本书，他在演讲中总是喜欢引用东西方伟大哲学家的名言，他在公司的每一次内部沟通中都会引用中国古典名著，例如《易经》《道德经》《论语》等的名言，来更好地阐释他要传达的信息。作为世界级物联网公司的领导者，张瑞敏不用手机，没有社交媒体账号，也不参加公司的聚会和社交活动，这在业内是出了名的。他认为这些会浪费时间，他说："我的时间最好花在阅读上。"在他的私人办公室里有一间超大的图书室，里面装饰着中国传统艺术和书法墙帷。

张瑞敏十几岁的时候被迫辍学，被分配到一家工厂工作。他告诉我，在工厂的那段日子是他一生中极为重要的经历。他回忆道："当时，我和许多同龄的青年工人总是想着如何更好地经营工厂，提高生产能力，但主管们总是打破我们的想法，说：'你来这里不是思考的，凡事只需按吩咐去做。'当时我便立下誓言，终有一天我会创办一家让员工可以思考的公司。"

这是张瑞敏投身商业领袖事业的动机之一，但除此之外他也有其他动机。在我们最近的一次对话中，我好奇地问道，像他这样有大智慧的人为何会选择经商。"你完全可以成为一个非常杰出的学者。你甚至可以从政，加入中国共产党，也许还可以成为党内的高级领导人。"张瑞敏的回答反映出他对个人自主权的热情，恰恰是这种热情推动了他的经营理念的形成。

"如果我成为一名教授，我就必须成为学术体系的一部分，我的思想也必须与学术方式保持一致。中国共产党也有其自身的体系，如果想成为党内的高级领导人，也必须遵循这一体系。但是作为公司的领导者，我可以自行设计公司的体系。"的确，作为海尔的CEO，他设计出的全新的、极具开拓性的人单合一商业模式赢得了广泛的赞赏。国务院总理李克强在多次视察海尔之后，建议将人单合一模式在中国所有的公司都推广并应用开来，目前许多公司已开始效仿海尔模式。

张瑞敏 30 年前加入海尔并担任 CEO 时，海尔还是一家规模不大、经营不善的冰箱制造公司，产品质量不佳。新上任的他所做出的第一个举动便是“砸冰箱”。在众多职工与新闻记者在场的情况下，他下令员工将公司的 150 个劣质产品堆到一起，用大锤砸得粉碎。他说：“这也意味着海尔与劣质品关系的结束。从此刻起，海尔只为客户提供高质量的产品。”但艰难时期并没有就此结束。

20 世纪 80 年代中期，海尔经历了无法支付工资的艰难日子，张瑞敏深知这意味着靠薪水为生的员工及其家人的生活都会陷入困境。穷途末路之下，他前往青岛公司总部附近的一个村子，打算向一个富裕村庄的村长借 4 万多元钱来支付员工的工资。那位村长知道张瑞敏既不抽烟也不喝酒时，决定捉弄他一番。村长在他们所坐的桌子上放了一大瓶白酒，对他说：“你每喝一杯白酒，我就借你 4000 元。”讲述这个故事的那位年轻的海尔主管绘声绘色地对我说：“张先生前后喝了十大杯白酒，最终得到了 4 万多元借款。”他这么做是为了他的员工，这就是员工们如此爱戴他的原因。

张瑞敏对个人自主权的热情是他在海尔所有改革的核心驱动力，他相信每个员工都有无限的潜力，并希望为员工和公司的福祉释放这种潜力。他说：“毫无例外的是，每家大公司都将员工视作工具人。西方的公司致力于实现股东价值的利益最大化，而忽视了员工价值。我想借助量子管理的理论基础来解放这些人，因此，从我有机会开始领导这家公司的第一天起，我就一直在思考如何为每个人提供机会和平台，让每个人都能发挥自己的潜能。以人为本，充分发挥人的潜力，是人单合一模式的本质。”

海尔放权

2005 年，经过一系列发展性的试点改革后，张瑞敏终于推出了人单合一管理模式，正是这一模式使得海尔成为享誉全球的大型跨国公司，拥有健康的利润空间并持续增长。自此，海尔从世界上最大的大型家电公司发展成了如今的多元化业务集团公司，业务涉及服装、食品、医疗保健、生物技术、体育科技、农业、金融和房地产等领域，其多元化似乎正在成倍扩张。正如我在第 4 章中所述，这一过程需要摆脱所有中层管理人员及相关的层级制度和官僚主义，将海尔转变为一家拥有“公司群”的企业，更准确地说是拥有“初创公司群”的企业。目前，海尔已有 4000 家独立的自组织多功能小微企业，小微通过与用户进行密切的共创对话来设计和制造自己的产品。小微均有自己的 CEO，其团队通常由 4~20 名创客组成。小微们合在一起组成合作性的生态链小微群（下文简称“链群”），使得海尔成为一个典型的量子化的“系统中的系统”。所有这些都可以得到公司关键服务平台的支持。

为了贯彻“领导的最高境界是润物细无声”的量子管理理论思想，张瑞敏认为，如果要赋权员工，他必须首先放弃一切自上而下的集权。他向每个小微割让出所谓的“四个自我”，即 CEO 和最高管理层的传统权力：自组织、自驱动、自增值和自进化。小微们不再由公司支付薪水，而是通过为用户提供销售和服务获得收入，并持有其所获的大部分利润。 因此，人单合一模式的一个关键含义在于：“员工创造的价值与用户的体验增值价值合一。”如果一个小微要成功，创客要以此谋生，他们必须为用户带来增值，之后团队再自行决定利润的分配问题。

当然，旁观者会问张瑞敏，当他放弃了所有权力，作为 CEO，他还能做些什么。他回答说：“我的职责是做好一名服务者。”张瑞敏始终把自己看作量子管理背景下的服务型领导者，他说：“领导者不应该专注于自己成为企业家，而应将培养企业家视为自己的主要职责。作为领导者，我会为员工创造机会，为他们的创业活动提供资源和支持，激发、驱动小微们，不断启发员工运用自己的才智实现自己的无限潜力。”他认为管理本身是一种支持性职能，而非监督性职能。

海尔“创客文化”由此产生，海尔博物馆的墙上挂着“在海尔，人人都是领导者，人人都是 CEO”的标语，这的确造就了一支积极进取、极具创新精神的团队，这个团队有着极高的员工士气。正如一家智能服装小微的负责人对我说的：“在推行人单合一之前，我的妻子总是抱怨我经常加班到晚上 9 点才回家。但现在她对此变得很有耐心，甚至会以我为傲。她知道我正为打造自己的公司努力，为我们的家庭谋福利，我在决定自己的工作、人生，而不再是按照别人的决定行事。”我认为这个人真的感觉得到了解放。正如张瑞敏所说：“做自己的 CEO，即做一个自主人，有尊严地实现自我价值。”

由于张瑞敏本人十分谦逊，他也不会主动提及他的领导让员工在其他方面的收获。他为人谦逊、乐于倾听和关心他人，这使他深受海尔员工们的喜爱和钦佩。好的性格加上广博的学识、智慧以及不断创新和实验的声誉，使他成了更为广义上的中国英雄。2019 年，国家主席习近平亲自授予张瑞敏“改革开放后奠定新中国基础”的“改革先锋”称号，并为其颁授“改革先锋”奖章。

用户即领导

张瑞敏指出：“传统公司服务于股东，而在海尔，我们优先服务于员工，员工服务于用户。”这句话是使海尔与众不同的关键，也是驱动海尔 4000 个小微的哲学和方法论，更是海尔重塑财务报表和成功标准的关键。张瑞敏告诉他的员工：“你们必须比了解自己更了解用户。”在海尔博物馆，“用户就是领导”的标语占据着十分重要的位置。海尔强调用户体验，每一个小微都通过互联网、电话，甚至偶尔的家访与自己的用户保持直接联系，这些联系是共同创造的，也是终生的。这种对用户服务和互动的奉献是海尔“水”哲学的一部分。水肆意流淌，没有边界。张瑞敏曾发表过一篇关于公司“水”哲学的演说，题为“海尔就是海洋”。用我自己的量子语言来说，公司则是“量子真空”，是“一片潜力的海洋”。

小微们及其用户构想了产品的迭代，甚至是新产品的设计。其中一位小微主曾跟我讲：“在海尔，我们的用户也是我们的员工和设计师。”此类共创性的员工与用户间的对话会源源不断地促生新的产品创意，例如针对农民的需求，设计可以洗蔬菜和衣服的洗衣机，或针对穆斯林用户，设计特大号的洗衣机来清洗又大又重的长袍，抑或是针对孕妇用户，让她们拥有在卧室休息时也可以控制的智能厨房用具，在躺卧时也能享受的智能天花板电视机。当然，海尔零距离商业模式还有更多的实例和优势。海尔是世界上最大的用户体验数据银行，张瑞敏认为正是这种不断的反馈和与用户的共创性对话，使海尔显现出了巨大的优势。他指出，亚马逊、阿里巴巴和腾讯等大型电子商务销售平台上拥有的数据只是商家与用户间匿名的交易数据而已。因此，海尔的产品和服务并不在大型电商平台上销售。

海尔的目标不仅仅在于让员工充分发挥潜力，同时也为用户提供同样的机会。海尔利用首创的 Cosmoplat 平台收集用户体验数据，通过结合 6000 多个软件解决方案，从 4 万多家公司中进行数据收集，以及从大数据到小数据的广泛使用，Cosmoplat 迈出了革命性的一步。一些平台主说：“我们想知道用户为什么使用这个产品，他们如何使用产品以及这些产品给了他们什么样的体验，了解这些答案可以让我们能够做出更好的设计和制造决策，我们希望用户摆脱大规模生产的暴政。”由于 Cosmoplat 能够与用户进行互动交流，通过快速的产品修改进行及时响应，海尔现在可以自豪地说，它已经用大规模定制取代了大规模生产。“用户不再需要购买我们选择为其提供的产品和服务，他们可以向我们订购并获得他们想要的东西。”听到这里时，我发现 Cosmoplat 在某种意义上创建了一种新型的“网络民主”。事实上，海尔给 Cosmoplat 起了一个名字“卡俄斯”（Khaos），它是希腊诸神的起源，卡俄斯也被称为“万物之卵”。张瑞敏说：“我们之所以用这个名字，是因为我们旨在成为工业互联网的‘万物之卵’，帮助孵化各类新物种。”这种与用户间亲密持续的互动和共创性关系，使得海尔能够发现未知的需求，满足未满足的需求。

海尔不注重公司与用户的一次性产品交易，而是注重培养“参与型用户”，他们购买服务，享受体验，成为“终生用户”。通过不断迭代产品来增加终生用户的价值，并持续增加终生用户的数量，基于此，公司不仅实现了“价值倍增”，也实现了持续可靠的增长。张瑞敏说：“人单合一的本质是尊重人的价值，尊重最大化人的价值的机制。”公司复杂生态系统中的所有参与者都会从这种价值的倍增中获益，用户获得的价值最终会反馈给公司，推动创新，进而为公司增加价值，实现了典型的中国海尔式双赢哲学，员工、用户、股东和公司统统都是赢家。而且，这种双赢的增值概念已经取代了传统的“扣除后利润”报表，成为评估公司成功或向股东传达公司成功的一种方式。

海尔文化又被称为“创客文化”，绝大多数人认为这是海尔在为物联网时代培养创造不同产品的企业家，但在其背后蕴含着一个根本的事实，即海尔通过人单合一模式，建立了关系，而关系构成了宇宙本身。当然，物联网本身就是一种关系技术，通过连接智能设备将用户联结在一起。人单合一模式在 CEO 和员工之间，在员工和使用公司服务或产品的用户之间，在平台主和其服务的小微之间，在创客和其用户之间，在公司和任何有产品改善想法或可孵化新小微想法的人之间建立了共创性的关系。万事万物均有着千丝万缕的联系与关联，正如我们看到的，这一模式在不同的小微之间建立了各种共创性关系。

生态品牌

《道德经》所言“大制不割”，张瑞敏将其解释为“一个整体的、相互纠缠的系统，由无法分离的各种实体组成”。这种对于系统理论的理解源于中国古代哲学和当今的量子物理学，起初激发了他对小微企业的构想，后来于 2005 年奠定了人单合一模式的提出，也是海尔生态品牌战略推行的基础。

海尔意识到用户很少会单独购买产品，而是将其作为整体生活、家庭场景或生活方式的补充，因此，海尔从传统的产品和服务供应商转型成为场景和用户体验（“整体解决方案”）供应商。基于此，通过搭建新的生态网络，打破了内部组织边界并创造了新的机会，从而拓宽了人单合一模式的结构和含义（参见图 15–1）。

如果一个小微持续保持小型敏捷的结构，那么它很难满足用户日益复杂的需求。与此同时，如果一个小微只销售一种产品，如冰箱，那它一定会在未来某个时刻，不再被需要。若几个小微结合在一起提供全方位的相关产品和服务，从而形成新的“链群”，这个问题即可迎刃而解，而这些链群是人单合一模式的最新迭代。一群小微之间进行自组织并达成一个智能且动态的协议，相互合作，相互支持，通过提供某种用户场景来分享收益。其中一个典型的例子是海尔食联网。

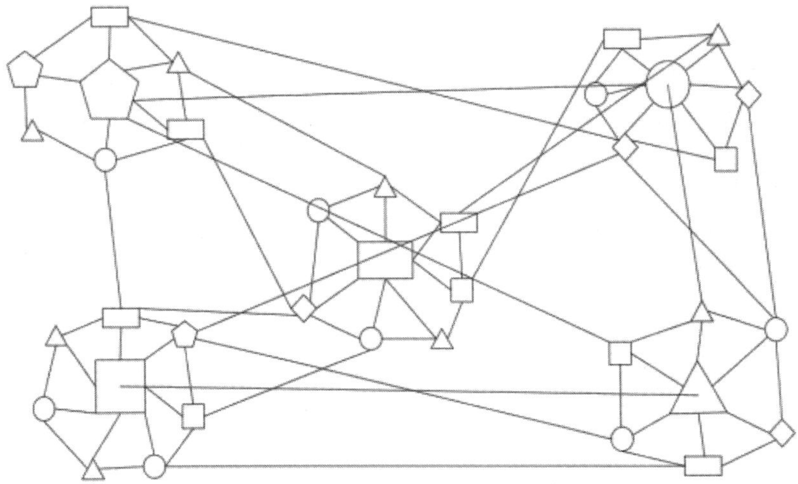

图 15–1 海尔链群（EMC）结构模型

每家每户每日都离不开食物消费，而在这一过程中，它需要一系列产品和服务，如冰箱和烤箱等电器，食材的购买、储存和准备甚至可能还需要营养师的建议。目前，没有一个海尔小微或是小微群可以提供所需的全部产品和服务，但是有其他公司可以补充这一点。小微们与其签署短期合同，相互支持保证，利润共享，并通过物联网技术连接场景的所有组件。例如，其中一个小微卖烤箱，另一个小微卖食物，此时一个用户通过该平台聘请了营养师，每个人都会受益。若链群中有一个小微陷入困境，其他的小微都会伸出援助之手，但如果这会对人单合一模式的活力或有机增长造成威胁，那么此时海尔的小微也是允许失败的，其中有些也的确失败了。

生活的每个方面都是在一个整体场景中的一次体验，如果海尔的小微无法通过与海尔内的其他小微结合来满足场景所需的全方位的需求，正如上述示例所示，它们也可以通过与外界的其他公司签署短期合同条约来实现。例如，体育用品制造商迪卡侬就是如此，它的运动器材隶属于阳台场景的整体解决方案，现在正作为企业“生态品牌”的一部分出售。到目前为止，这些生态已经覆盖了 15 个行业的 4 万家企业。2019 年，海尔成为第一个也是唯一一个被 BrandZ 全球 100 大最具价值品牌排行榜认可的物联网生态品牌。除食联网外，还有围绕着衣物的洗、存、护、搭、购等全生命周期管理的衣联网，整合健康空气需求和睡眠所需条件的气联网，将血库带至手术操作台的血联网，所有的这些设计均是为了提供“用户体验”。张瑞敏表示：“无法提供体验的产品是没有灵魂的。所有这些体验及场景均可在上海海尔智家 001 号体验中心进行体验。”

链群可分为以下两种：体验链群和创单链群。海尔深知，用户知识和用户体验是一种宝贵的资源，往往能带来新的商业理念。体验链群与用户保持着密切联系，了解用户需求和痛点，并倾听他们的渴求。接着将此反馈传递给创单链群提出解决方案的创客。他们设计、创造、生产和运输满足人们需求的东西。张瑞敏认为“产品会被场景替代，行业将被生态覆盖”。

将链群的概念置于量子管理的背景下，我们可以看到链群使得小微既是“粒子”又是“波”。作为粒子，每个小微执行自己的功能，制造、服务、为用户提供自己的专长；作为波，每个小微与链群中的其他小微合作，为用户提供场景和整体体验。所有的链群既作为粒子，提供它们专门化的场景，又作为波，与其他链群共享资源。如此，作为一个整体而言，海尔成了零距离的量子系统。

服务社区

绝大多数公司都会夸耀他们在企业社会责任方面的举措，但对于海尔而言，不论是张瑞敏本身的理念，还是海尔的运营，这些举措都是不可或缺的。海尔的定位是为社会创造价值，正如量子管理坚持认为“没有一家公司是一座孤岛”，张瑞敏认为企业必须将自己视为“社区的节点”，不应局限于仅仅追求自身利益。海尔不仅通过每天践行“为所有人创造价值”的公司理念直接服务于社会，也通过广泛的培训项目和海尔社区连锁店间接创造价值。在中国 65 万个村庄中，每个村庄都有一个为放学后的儿童提供看护服务的社区中心。公司作为一个服务平台，服务于每一位有创业想法的人，他们的想法可能会以某种方式提高海尔产品的质量或价值，提议一个新产品，甚至是提出一个好的商业模式或创建一家新型的小微企业。因此，任何人都可以成为海尔的员工或设计师，海尔的物流平台“日日顺物流”也为九万名货车司机提供了就业机会。

20 世纪末期的一场海啸摧毁了中国沿海许多村庄，张瑞敏本人曾向公司请假六个月，与灾区人民共同重建家园；新冠肺炎疫情期间，海尔运用其庞大的运输网络，向疫区最严重地区的医院运送医疗用品，提供口罩材料；海尔通过生产、管理和使用绿色能源服务于地球，通过“希望工程”（贫困儿童教育项目）向中国、蒙古和拉丁美洲国家的学校提供平板电脑和电脑软件服务。

人单合一国际化

近年来，海尔收购了许多外国公司，目前海尔在日本、新西兰、意大利、德国、俄罗斯和美国均设有子公司。人单合一的商业模式在这些子公司都得到了实施，除此之外，每家子公司也被赋予了与海尔小微和链群同样的自主权。公司雇用的 CEO 和员工都是当地人，没有中国的主管或老板。张瑞敏说：“我们知道，每个国家及地区都有自己的传统和优势，比如众所周知的日本团队精神，我们相信每一个国际分支机构都能培养属于自己的精神并将其发扬光大。”他将海尔所有国际子公司比作由当地优质农产品做成的“混合沙拉”。他说：“世界各地提供了各式各样的蔬菜，而我们提供了人单合一的模式作为沙拉酱。”

与其说是公司，不如说是一座城市

最近，许多商业思想家纷纷建议，企业应当被视作有生命的有机体，而非机器。事实上，圣塔菲研究所研究生物系统和人类社会系统之间共性的复杂性科学家们都对这一建议表示肯定。但杰弗里·韦斯特在其著作《规模》中指出，这实际上对企业来说是个坏消息。是的，韦斯特认同公司像一个复杂的适应系统的说法，公司能够在与市场的对话中成长和进化，但公司也像生命有机体一样，成熟时便会停止成长，最终难逃“死亡”的结局。这是因为它们呈亚线性增长，增长到一定的规模，耗尽可用的能量，就会停止生长，停滞不前，不再产生新的想法和创新，继而开始变老，乃至死亡。

韦斯特将他笔下的所有生命有机体和大公司的有限寿命与城市的持续增长性、复杂性、创新性和明显的不朽性进行了对比。城市呈“超线性增长”（城市越大，其中各个元素可用的能量就越多），“随着城市的发展，城市会变得越来越多样化。随着新行业的发展和新机遇的出现，商业和经济活动规模不断扩大……它们经历的开放式增长和不断扩大的社交网络是它们的韧性、可持续性和看似不朽的关键组成部分。”我相信，海尔系统的运作方式会使其有别于其他公司，海尔更像一座城市，被赋予了永恒的可持续性，甚至“不朽”。这样说的根据又是什么呢？接下来，让我们一探究竟。

韦斯特指出，城市的真正精髓在于它的人，是人在为城市创造活力、灵魂和精神。我们看到，海尔清楚地认识到了这一点，它时刻践行着以人为本的原则，员工是海尔的人，用户也是海尔的人。

在城市里，人们之间复杂的联系和互动产生了能量、信息和创新。“城市是新兴的复杂自适应社会网络系统，由其居民之间的持续互动产生，并通过城市生活提供的反馈机制加强和促进。”在海尔，小微与其用户之间持续交互，链群和用户间内部协作，链群和其他公司外部协作，Cosmoplat 提供持续的反馈机制及其庞大的用户体验数据库。所有这些互动和反馈机制均可产生能量、信息和创新。

韦斯特指出，公司是高度受限的自上而下的组织，通过最大化生产效率来实现利润最大化。“为追求更大的市场份额和更高的利润，实现更高的效率，公司刻板地在越来越精细的组织层次上增加了更多的规则、条例、礼节和程序，进而加重了官僚主义风气……牺牲了创新和研发。”相比之下，“城市是以更加分散式的方式运作的，权力分散在多个组织结构中……因此，它们相对于公司而言，是以一种几乎自由放任的氛围在运作，充分利用社会交互的创新效益……城市是行动的场所，是变革的推动者，而公司通常会呈现出停滞不前的形象。”我们看到，海尔成功地摆脱了自上而下的控制及官僚主义，通过自组织的小微和链群的用户交互，不断创新，追求的不是利益最大化，而是价值倍增。不可否认，海尔是行动的场所，是变革的推动者。

韦斯特还指出，虽然城市有足够的韧性来抵御各种破坏和灾难，但“市场的大幅波动，或是错误的时间出现的一些意料之外的外部动荡或冲击，可能会对公司造成毁灭性打击”。在新冠肺炎疫情封锁期间，除了电子商务外，几乎所有大公司都遭受了巨大的损失，很多公司因此倒闭。但是海尔极为灵活的结构及海尔小微与当地供应商、用户保持联系及交付的能力，以及小微与链群共享资源的协作能力，使得海尔在新冠肺炎疫情期间运营产能仍保持在平时的 98.5%，并且在疫情好转后立即恢复了增长。

张瑞敏说，生态系统的关键特征在于其产生新“物种”抑或是新模式、新参与者的能力。他把海尔比作热带雨林，“每天都有一些有机体出生，一些有机体死亡。”最重要的一点是，生态系统能够促进新物种的产生。同理，热带雨林正是大自然建造的城市（见表 15–1）。

表 15–1　　量子原则与人单合一实践之比较

量子原则	人单合一实践
不确定性 / 自发性	敏捷、灵活的组织结构
亦波亦粒子	单独小微 – 独立性（粒子性） 所有小微 – 合作性（波动性）
多重潜力的叠加	6000 小微，各为潜力
关系构成宇宙：万物相互纠缠	员工用户相互纠缠：海尔生态系统；生态品牌
海森堡不确定性原理：问题创造现实	用户反馈至上；提问型文化；“自我批判”文化
观察者 / 被观察者 共创性	员工 / 用户 共创性
万物皆循“语境主义”；“语境”创造身份	用户需求决定产品 / 服务
量子自我：无限潜力的动态能量过程	海尔员工：具备无限潜力

第 16 章
罗氏印度：目标驱动型文化

劳拉・贝泽拉（Lara Bezerra）彻底改变了制药行业的领导层。

《孟买镜报》，2019 年

劳拉・贝泽拉进行公司转型的黄金法则是“如果你想变革公司，那么必须首先变革员工。如果你想成为量子领导者，你必须首先成为量子自我”。当她面试求职者时，她的第一个问题是：“你的目标是什么？”应聘者能否成功被录用的主要标准是，他们的目标感是否与罗氏印度公司的使命相契合。在成为公司董事总经理（首席目标官）的过程中，劳拉・贝泽拉始终践行着这一必要的智慧，这些都被她的员工们看在眼里。他们说，劳拉言行一致并言传身教，用榜样的力量激励着他们，他们相信自己也可以做到。

劳拉是巴西人，在制药行业待了 27 年。她在圣保罗长大，父亲是医生，母亲是日本人，也是医生，同时也有物理学的教育背景。时至今日，劳拉一直将她的母亲视为塑造她人生的良师益友。当劳拉 20 岁出头的时候，她的母亲送给她两本书作为生日礼物，一本是沃纳·海森堡的传记（又称“不确定性原理”），另一本是我的第一本书《量子与生活》。据劳拉称，这两本书都给她留下了深刻的印象，而量子物理学则以某种重要的方式触动了她的内心。几年后，劳拉遭遇了她人生中个人与职业的双重危机，她开始质疑自己的人生目标和发挥的作用，这时一位朋友送给了她一本印度经典著作《薄伽梵歌》（*Bhagavad Gita*）以供她寻求灵感，这本书后来成了她的领导力圣经。劳拉接受书中知识的指引，并进行吸收，重新形成了自己的目标感——成为一名商业领袖，帮助她的员工成为她现在想成为的那种人。2003 年，她成功地担任了拜耳公司匈牙利区域的总经理，负责制药部门和医疗保健业务。

在拜耳公司连续担任了多个高管职位后，劳拉开始担任罗氏委内瑞拉的董事总经理。她提到，阅读《量子领导者》一书帮助她更好地了解了自己想成为什么样的领导者，以及想建立什么样的公司。2016 年 5 月，劳拉加入了我在牛津大学发起的“量子领导者讲师培训”计划，受之启发，她开发出了许多工具，并把它传授给了她在委内瑞拉的领导团队，她也开发了之后应用于印度市场的工具。三年前，她被任命为罗氏印度的董事总经理，她需要制定一项新的战略来挑战现状，战略重点旨在提高团队的参与度和对患者的影响力。劳拉和她的领导团队发起了在罗氏印度包括“量子领导力变革项目”试点计划在内的系列战略，获得了罗氏全球高级领导层的批准。2017 年 10 月，劳拉来到孟买，开始了她职业生涯中最激动人心的挑战。在三个月的时间里，她和她的领导团队根据公司及自身的全球目标，制定出了一个全新的本地化愿景。2018 年 11 月，在这一新战略、新商业模式、新企业文化推出三个月后，团队授予了她新的头衔——首席目标官。

在下文中，我成功地邀请了劳拉亲自来阐述罗氏印度改革实验的展开过程以及取得的成果。

罗氏印度实验

阅读《量子领导者》一书，参加丹娜·左哈尔教授在英国牛津大学为打造量子领导者所进行的讲师培训项目，这些都坚定了我的想法：如果有机会，我想将这些特质应用于我自身的领导实践和领导的组织之中。当时我仍在担任罗氏委内瑞拉的董事总经理，而剩余的任期只够用来进行领导力培训，将量子管理初步引入领导团队。当我转任罗氏印度的董事总经理时，我得到了罗氏制药集团全球公司首席执行官的许可，实施一项实验量子管理试点计划的新战略，我终于能够将量子管理的概念彻底引入企业中，并尝试创建制药行业的第一个量子组织。当抵达孟买后，我的第一个任务是罗列出我所期望的优先事项和发展方向。以下是具体的原因。

- **明确的目标感**。我们需要问自己，罗氏印度存在的原因是什么？我们为这家公司工作的原因又是什么？这家公司以及作为领导者的我，在发展良好业务的同时，对改善人类条件又能带来怎样的影响？就此我想引用罗氏的全球宗旨，“先患者之需而行”，但我们所面临的挑战是如何让这一宗旨在印度这片土壤发挥它的作用，这对印度又意味着什么？在一个研讨会上，领导团队决定罗氏印度的愿景是：“我们激励人们改变印度的医疗，通过持续创新的解决方案关爱每一个患者的生活”，即我们不应只局限于药物商业化，更应与更多的企业合作，参与提升印度的医疗健康水平。
- **愿景**。在指定的一段时间之后，我们应更明确地了解到我们的公司以及我们自己想要达成的目标。我们将如何在我们经营的每个地区，从公司自身的业绩中实现我们的期望并达成的影响？我们必须迈出的第一步是什么？

- **战略**。采用短期和长期效益相结合的战略至关重要，二者之中需要存在某种平衡，具体表现为：在长期战略目标设定范围内考虑所需的短期财务成果，但过于关注短期结果，未意识到长期影响，也会影响量子管理带来的转型的可持续性。
- **灵活的运营模式**。鉴于新的想法和不可预料的发展需要新的工作方式，所以我们必须始终乐于重新审视运营模式。
- **知识渊博的核心团队**。培养一支专注于业务的领导团队，他们不仅具备制药行业的专业知识，同时十分清楚我们转型所需实现的目标。一个知识渊博的核心团队是必要的，它能保证我们在做出正确转变时也不会丧失动力。核心团队成员中十分重要的一个品质便是知者自知，具备为客户创造更多价值的成长型思维。
- **领导力承诺**。在指导转型的过程中，实施量子管理最关键的部分是领导团队的一致性。步调一致的领导团队可以改变思维方式，从而通过更动态的实验和实施阶段来推动结果更快出现。在我们公司工作时，必须基于自己的动力和能力来调整实施的计划，由于表现出来的思维和行为会在整个公司中得到反映，因此领导团队必须从一开始就明确目的和意图。领导团队必须是在量子管理工作中扮演重要角色的榜样。

为什么是量子管理

面对环境挑战以及其他不可控挑战，企业和商业对于我们未来经济的转型将至关重要。2020 年，人类迎来了史上前所未有的挑战——新冠肺炎疫情，而应对其威胁的唯一解决方案就是改变企业看待成功的传统方式。如果一家公司遵循的是现存定义下的成功，追求利润最大化，销售额超过竞争对手，那么它一定会以失败而告终。

2020 年及以后企业成功的评估标准应该是团结合作，培养健康企业文化的能力，以建立一个更优质且更合适的环境来保持人类健康。在新冠肺炎疫情之前，我就已观察到制药行业重新定义和更新目标感的需求，而应用量子管理原则则是满足这一需求，实现这一目标的最佳方式。

当我得知基于量子系统动力学的量子管理需要领导力、员工的承诺、积极的动机以及公司的宗旨和价值观，并且这些都是作为包括社会和环境影响在内的整个系统方法的一部分时，我能感到我的领导价值观以及我过去的经历与之产生了强烈的共鸣，我非常赞成强调自组织和降低自上而下的控制这一观点，以此来释放被领导者的全部潜力。

实施量子管理

首先，明确目标。思考我们是在为特定疾病提供解决方案或治疗方法，还是在为人们提供更好的健康医疗保健服务。如果是后者，我们需要与其他人共同努力，单枪匹马的做法不现实。我们需要寻找利益相关者，甚至需要想方设法与竞争对手合作，以此意识到我们都在同一个环境中共存。除此之外，我们还需要创造一种全新的、更具支持性的企业文化，将其嵌入到每个员工的思维方式以及整个组织的结构和流程中。

其次，重塑公司结构，实现自组织形式。这将赋予员工决策能力和责任感，使其可以充分发挥自身潜力，能够为我们的客户，如医疗保健提供者们或患者们提供最个性化、最高效的服务。在我任职后的最初几个月里，我与领导团队讨论了阻碍这一发展的因素，如冗杂的中层管理环节及官僚障碍，并探讨了消除它们的可能性。在制定新战略的研讨会期间，团队使用了由全球转型小组提出的各种不同公司模型以及创新业务方法，其中最深刻的是我从丹娜那里了解到的“海尔人单合一模式”。相应地，我们决定将先前服务于全印度的一个销售团队划分为九个独立的区域团队，每个团队服务于几个邦。这样做不仅是为了组建更小、更灵活的团队，同时也承认了邦与邦之间存在较大的健康需求和医疗保健差异。

为了强调我们的新愿景，我们决定相应地更改我们的职称，“财务总监”改为“可持续发展方案总监”，“市场总监”改为“顾客价值战略总监”，销售团队的每一位成员均改为价值专家，而组织统一决定将我的“董事总经理”改为“首席目标官”。每一个职称的变化都预示着方法的变革以及全新的企业文化本质。例如，销售人员在接近潜在客户时，不再侧重卖给消费者什么，而是侧重能够为消费者提供些什么来使患者获得更好的医疗保健服务。

起点 & 首次培训

2018 年 2 月，我第一次与我的团队分享量子管理理念，每个成员都进行了由丹娜设计的魂商及量子领导力的自我评估测试。我们概述了公司的新战略、运营模式以及亟待建立的新型企业文化。我对领导力团队进行了一系列训练，其中包括 12 个魂商及量子领导力原则、动机量表、重构实践练习以及目标训练。

一切工作都是为了实现罗氏印度的全新愿景，如积极影响印度的医疗服务，与所有利益相关者合作，做好在印度开展工作的准备，并营造超越竞争对手的有利环境。我们知道这势必要将我们所接受的量子管理和量子领导力培训传授给公司的每一位员工，随后整个组织便进行了魂商及量子领导力自我评估测试，了解了量子物理学的诸多定义原则，由此更好地理解了量子管理。此外，员工还要接受重构实践训练，学习使用动机量表以及如何将量子管理原则应用于工作之中。对于整个项目而言，所有培训课程和研讨会都是在内部开发的。

我们希望，通过量子管理，组织内部和外部（利益相关者）的每个人都可以成为量子领导者，这些新的量子领导者可以对环境产生影响，从而改变整个生态系统工作的文化和性质。当我们的核心领导团队成员经过培训，意识到成为量子领导者对他们个人以及工作方式的影响后，他们的角色继而会转变为“老师”，向公司中其他正经历量子领导力变革的人传授所学。他们必须打造一个友好的环境，让人们认为成为量子领导是自然而然的事情。随着团队管理方式逐渐采用量子管理风格，新的工作方式也会应运而生，运营模式也开始自我转变。

2018 年 2 月，我们的人力资源总监斯瓦蒂 · 亚达夫（Swati Yadav）第一次接受了我的量子管理培训。几个月后，她参与了丹娜及其团队在斯洛文尼亚开展的培训课程……她激励了公司内外的许多人，培训了许多员工，教授许多人学会了支持新战略及运营模式实施工具所需的原则。随着时间的推移，斯瓦蒂团队的成员已经能够熟练地使用量子管理原则，设计更多可以支持我们公司实现目标的人力资源工具，那些真正投入新工作方式的人以他们自组织的方式推进了我们转变的进程。

我们的财务总监丹尼尔·普鲁斯（Daniel Plüss）成了“动机量表大使”。从他个人生活和工作的改善方面，丹尼尔看到了自我意识拥有的力量，即一种能驱使我们做出决定的情绪。结果证明，丹尼尔确实成了重构实践最好的老师，能帮助人们提升动机。后来，当他担任罗氏瑞士部门负责人时，他悄悄地将量子管理的许多概念与实践带到了瑞士团队中。

相关人士的反馈

当我第一次走进罗氏公司的办公室时，我的第一印象是员工们正全身心投入在工作中！”人们微笑着，彼此热切地交谈着，他们的眼睛明亮有光，看起来机敏且兴奋。他们穿着休闲装——大部分是印第安人的服装，像舞者一样以某种同步的节奏走动着。当我描述这个印象时，其中一个工作人员笑着说：“我们正投入着呢，我们投入爱与使命，我们热爱彼此，也热爱工作。我们喜欢一同共事，我们是一家人。我们有强烈的目标感，它让我们的生活和工作变得更有意义了。”然后，她自豪地指着挂在天花板上“最佳工作场所”的横幅说：“我们赢得了这个奖项！”之后我每次去拜访时，见到我的人都会与我分享这种转型如何改变了他们，不仅仅在于工作方面，也在于私人生活方面。

罗氏印度的市场总监与我分享说，经历罗氏转型后他怎样改善了他与 13 岁儿子的关系。“我始终认为我应该做一个非常传统和严格的印度父亲，让他有些怕我。我以为这会让他服从我，不会辜负我的厚望。结果，这导致了我们的关系变得疏离，我们仅仅是在履行一种十分正式的父子关系。但是，劳拉的培训让我开始产生疑问，之后我便把我的疑问告诉了我的儿子。一天晚上我到家后，把他叫到一边，我对他说："我必须跟你道歉。我承认我对你这么严格是不对的，我其实非常爱你，我一直认为严格是表达爱的方式，但我不希望你害怕我，我希望你爱我，我希望我们能享受在一起交谈和做事的乐趣。"然后，令他非常惊讶的是，我给了他一个大大的拥抱。虽然他花了一些时间才学会和我一起放松，但现在我们的相处已经十分融洽了，他现在学习已不再需要我训斥和责骂，学习成绩也进步了许多。

领导团队的另一位成员与我分享说，劳拉时时刻刻表达的"无条件积极地对待他人"的态度甚至最终使他与岳父岳母的相处也变得融洽起来。他说："我们时常与我妻子的家人们共进午餐，但她的亲戚常常激怒我，我的态度也会变得粗鲁，我的妻子不可避免地也会因此不高兴。每当这种事情发生后，开车回家的旅途总是不太愉快。但是上周，我们像往常一样共进午餐后，回家的路上我儿子对我说：'爸爸，你怎么了？今天你对每个人都是既耐心又礼貌，这是因为劳拉的影响吗？'是的，我不得不承认，是劳拉教给我必须甚至是无条件地积极地对待你的外婆。"那个人告诉我这个故事后，咯咯地笑了起来，内心十分自得。

人力资源总监斯瓦蒂与我分享说，她以前从未考虑过目标或意义之类的想法，尤其是这些与工作无关的方面。她说："对我而言，上班是为了生存，下班才是为了生活。"但是现在，在经历了劳拉的培训，又有了培训他人的经验后，她现在从自己的工作中感受到了真正的喜悦和目标感。"我觉得这意味着一件事，就是我能有所作为。"她目前正计划参加劳拉推荐的内观禅修课程，在业余时间里，她一直在参加宗教性的智慧教导。她回忆说："劳拉告诉我们，要想成为更好的领导者，必须先成为更好的人，我现在正努力成为一个更好的人。"

一名销售代表与我分享说，他的工作现在让他有了真正的意义和目标感，接着他又十分自豪地告诉我，他因此形成的现场决策能力使他在一周前挽救了一条生命。事情是这样的："我当时与一名医生在一家退伍军人医院，他的一个癌症病人需要使用我们的一种药物。但问题是，一盒药中只有四板药，每盒售价高达 400 美元。"医生说他每月在一种药物上最多只能花费 100 美元。根据罗氏公司的规定，部分药品不可单独出售。于是，医生恳求我的帮忙，"如果患者 24 小时内未服用药物，就可能因此丧命。"接着销售代表告诉我，"我有权力自主决策且无须征求上级的同意。于是我便直接致电财务、质检及分销团队告知此事。两小时后，我递给医生一板药，并告诉他之后的每个月都可以像这样分期购买药物，而这个方案也为其他许多患者打开了一扇希望之门。"劳拉告诉我，如果销售代表必须按照常规的流程办事，那么至少需要 6 到 8 周的时间才能从总部那里获得此类特例的许可。"而病人在那之前早就死了。"她补充说。

最后，首席财务官丹尼尔·普鲁斯告诉我："经历这种转型后，我成了一个更好的人，一个更好的丈夫，一个更好的父亲，当然还成了一个更好、更明智的领导者。我现在的所作所为都归功于量子以及和劳拉一起共事的经验。"

直至 2019 年夏末，劳拉担任孟买的职位两年后，她的生活和工作都发生了巨大的转变，更多的生命得以挽救，并与院长、医生建立了持久的院际合作关系。建立了一个生态系统，其中甚至包括与合作的竞争对手签署谅解备忘录，建造三家新的癌症医院，成本保持在可持续发展的水平上，员工敬业度评分从 46% 升至 82%，人员流失率从 35% 降至 11%（一线员工降至 4%）。媒体纷纷报道罗氏已成为一家真正的公司，一家旨在实现更大的利益，寻求可持续医疗保健解决方案的公司。劳拉也登上了多家全球商业杂志，并开始和印度政府进行合作。罗氏公司特意选择了多名罗氏人员来填补新的职位空缺，公司整体盈利额增长了 5%，最受关注渠道的收入增长了 20%，这是五年来的首次增长。

劳拉被辞退

2019 年 11 月最后一周的星期一早上，劳拉接到通知去孟买一家酒店的会议室会见她的区域总裁，还有他的两名助理。在那儿，她被告知她要在星期五卸任，清理办公桌并于当天下午就离开罗氏的办公室。尽管她承认自己与区域总裁的关系较为复杂，但这个十分突然且严厉的决定还是让她感到十分意外，因为此前并没有任何警告或要被辞退的迹象。这一重磅消息迅速席卷了劳拉办公室里的每一个人。闻讯后，同事们迅速在周五下午安排了一场送别派对，劳拉的离开留下了许多困惑、沮丧和眼泪。印度媒体对这位领导人被莫名其妙地解雇感到愤怒和震惊。任职期间，她给医疗保健行业带来了新的目标、新的面貌，成了某种意义上的民族英雄。在随后的几个月中，由于没有人可以临时顶替劳拉的职位，办公室的士气急剧下降，许多人也陆续离开了公司。领导团队的一些成员被解雇，而劳拉离开之前，也已有三名成员转到印度境外任职了。

我对劳拉的突然卸任感到震惊和困惑，于是我联系到劳拉和她的领导团队以寻求一些解释。大家的说辞证实了一件事情，85% 的原因是劳拉与新任区域总裁性格有冲突。两年半前，罗氏印度在实施“量子领导力变革计划”的新战略时，已经获得了亚太地区负责人和罗氏首席执行官的批准，他们都非常支持这一倡议。当时罗氏制药的全球新战略是开启全球转型以改变制药业务的方式，而这与罗氏印度的战略相吻合，届时罗氏印度同另外两个国家的子公司一起处于这一转型的前沿。

2018 年 8 月（印度实施新战略两个月后），罗氏制药宣布重组，并宣布了新的区域结构。此前，罗氏印度的董事总经理向亚太区负责人汇报，而亚太区负责人向罗氏制药的首席执行官汇报。在新的结构中，印度经历了两大重要变化：（1）印度脱离亚太区加入新的区域，该区域由俄罗斯、波罗的海国家、土耳其、巴基斯坦和孟加拉国及印度组成，但新区域对印度的历史和文化知之甚少，其地区负责人也不了解劳拉先前极具开创性的变革项目；（2）制药公司的首席执行官与子公司的董事总经理之间隔着两个管理层，这让首席执行官更难以直接支持子公司的地方决策。除此之外，首席执行官和支持印度战略的区域总裁纷纷跳槽至其他制药公司。尽管巴塞尔罗氏总部对罗氏印度的项目提供了足够的支持，但其仅仅是基于区域性的决策，并没有更高层的领导人的参与。

新上任的区域总裁是一位在罗氏摸爬滚打了 30 多年的资深成功人士，这次也正是他退休前要站的最后一班岗。他先前以成功的企业家态度，善于开发难啃的市场而闻名，而印度是他此次管辖地区里最有潜力的市场。尽管他与劳拉均致力于使罗氏公司在印度市场取得成功，但二者的管理风格截然相反。前者是一位传统的指挥控制式区域总裁，习惯于指挥团队，让各国子公司的总经理做到有问必答；而劳拉则倾向于团队授权，完全信任其领导团队，新型团队可直接与全球及区域的高级领导层沟通，不受本地领导层的干扰，还可以组建自组织团队。所有的举措都给区域总裁习惯于控制结果的领导风格带来了巨大的挑战，因此他时常向同事抱怨说劳拉不称职，她的领导风格显得十分混乱。劳拉承认，她不总是能很好地处理与区域总裁的紧张关系，开会时他总是会因为达不到更快的效果，看不到更多的数据，各个地区缺乏层级制等种种因素表现得不耐烦和沮丧。终于，在那个星期一早上，他再也受不了了。

的确，性格以及领导风格的冲突是导致问题的绝大部分原因，可达

85%。那罗氏印度改革未达到预期的剩下 15% 的原因是什么呢？其他可能想发起此类变革计划的领导者是否可以吸取宝贵的经验教训？劳拉和她的领导团队与往日有何不同呢？在类似的激进转型中，产生的问题与错误是不是其发展曲线的一部分？若项目恢复进行，这些错误是否可以被更正？我通过与罗氏公司的员工私下交谈，将他们“洪水之后”的反思以叙事的形式收集在这里，希望可以对他人有所启发。在这个过程中，我特别观察到了员工们对过于“牛顿式”的恐惧，因为许多商业领袖曾问过我，建立一个量子组织是否意味着必须摒弃所有牛顿式结构。

前领导团队的成员评论道：“我们本可以更熟练、全面、清晰地阐述我们的量子愿景，我们充满激情和热忱，目标坚定，我们强烈的目标感鼓舞着所有与我们共事的人，这时时刻刻让我们感到欣慰。但其中许多员工从未真正搞清楚过‘量子是什么’，也不知道如何利用它来应对担任独立决策者所面临的挑战。在培训会议期间时，诸多材料深入介绍了量子现实本质的新颖观点以及量子意识在改变工作场所方面的潜在可能。但这可能对一些员工而言较难接受，无法理解将其应用实践的方法。我们也没有充分地帮助他们设计明确的 KPI（关键绩效指标），使之可以评估自己的成功或失败。因此，也许在新型量子工作方式与预期产生的结果或需要他们产生的结果之间永远不会有足够清晰的直接联系。”

一次，我在对转型中的罗氏印度的访问中，曾亲眼看见一位销售团队成员因不知量子的含义而情绪压力爆发。这位男同事来到劳拉的办公室，说他无法与他负责的医院的任何相关医务人员会面，并向她寻求处理此事的建议。劳拉说：“遵循量子即可。”但他对这个建议并不满意且十分沮丧，突然情绪崩溃：“量子！又是量子！我实在不知道这个量子到底是什么！”

领导团队成员进一步反思："我们在这过程中得到了一个普遍的观察：当我们对这一全新转型过于兴奋时，做事就可能会过于教条。例如，我们对于动机量表某些要素的认识可能就过于教条化了，我们会告诫自己要远离消极动机，如不要害怕，不要渴望等。但实际上，我们多半会受到这些动机的驱使，而我们的目标不应该是隐藏或否认这一点，相反我们应该承认自己的这种精神状态，从而具有重构自己的能力。我们也可能过于教条地认为数据是属于牛顿式的，会分散注意力。因此，我们不再统计销售数据，而是专注于统计我们的药物治疗的患者人数，用意虽好，但实操性并不大。反思过去，我们以一种更中庸的方式意识到，并非所有数据都是不可用的，问题的关键在于数据收集后如何处理，如何有效地和更好地反映患者护理的情况？此外，我们对于自组织的教条主义使许多员工感到有些迷茫，但他们又很难提出来。简而言之，我们总是害怕失去量子，结果却忽视了我们原有工具箱中的评估、领导及'护栏'的基本要素。"

回到我们当时对量子的理解，我们会发现，每当我们评估事物或指导系统时，总是会使系统崩溃。然而，我们现在所理解的量子系统确实采用了非常清晰的机制和原则，为系统中运行的各种运动部件定义了边界，而不是让它们处于漂浮的完全混乱的状态中。具备自组织性和自适应并不意味着我们不能再温和地引导这个过程。同时定义这些"护栏"也十分重要，它不仅为系统提供了一个信号机制，以显示行为的有效性，而且在业务环境下，这种信号机制还成了某种定性和定量的指标或KPI，能够确定其是否在朝着正确的方向发展，为过程提供透明性。我们本可以从这些信号中汲取有关信息，从而对系统做出相应的调整。我们本可以增添一些措施评估企业文化转型成功与否。

从结果来看，我们并未明确我们本应采取的措施：

（1）我们有七个战略目标，我们本可以明确每个目标实现所需的定性和定量措施，以了解我们是否在朝着这些目标迈进；

（2）我们应该从业务绩效的角度定义明确的“护栏”，让组织以自我负责而非自上而下的方式对它们的实施负责；

（3）我们应该建立一套全面的报告、措施和反馈回路体系，自组织团队可以基于它们受到的影响来进行自我调整；

（4）当我们摒弃某个东西的时候，我们应该思考其替代品。例如，当取消销售激励时，应该用另一种认可和激励系统进行替代；当取消销售和运营支出的预算时，或许可以用“护栏”或一般系统边界以及其他定义期望达到和评估结果的方式来取代它们。

当我们看到罗氏这样的公司时，不难想到它们的运作模式是围绕病人、销售、投资、利润的循环展开的，前提是这一循环必须是可持续的，否则公司会陷入混乱。在实现转型的过程中，我们真正改变的地方正是我们最先关注的。在过去，我们会通过查看去年的销售情况，预测今年的销售额及所需的投资额，最终得到期望的盈利以及对患者的影响程度。转型之后，我们从患者的需求出发，预测满足需求所需的投资额，相应的销售额及盈利额也将成为可评估的结果。这适用于许多商业原则，如果我们正确地使用数据和进行评估，那么这些所谓的“牛顿式方法”也可能会成为量子系统中的重要信号。在与我的进一步交谈中，劳拉补充说：“我们本应该优先制定治理策略。”

罗氏公司忽略了人单合一模式的一个核心原则：一个自组织的量子组织必须以强大的中央操作系统为指导。它不是一套僵硬的牛顿式规则，而是一套明确的指导原则，用于确定优先事项和目标，并评估实现目标的方式。

然而，尽管这些新问题属于任何新式学习曲线的一部分，但同我交谈过的罗氏印度领导团队的每个人，包括劳拉本人，都确信一件事情：

“量子领导力变革是正确的。”如果劳拉一开始就坚持用五年的时间来让这一转型开花结果，那么整个项目将会成为成功的典范。遗憾的是，劳拉并没有张瑞敏那样的权力和地位，再加上直接上级领导缺乏耐心、信任和理解，项目不久便夭折了。

随着劳拉·贝泽拉的卸任，罗氏印度的转型项目也随之被搁置，但在劳拉短暂任期内所播撒的种子目前仍在罗氏全球的新实践中找寻更肥沃的土壤。罗氏公司历经三年多的转型历程，将引导其他国家和地区的子公司，向 2017 年 10 月的罗氏印度转型方向靠拢。印度的许多人才都输出到了全球其他分支机构，其中包括罗氏印度劳拉领导团队的三名成员，这些成员在海外均被提拔至更高级的岗位。他们用平静但坚定的方式告诉我：“我们正在传播‘量子’，我们正在看到变化。”

第 17 章
美国通用电气家电：美国催化剂

2016 年 6 月，海尔斥资数十亿美元收购了美国通用电气家电（GEA）。GEA 总部位于美国肯塔基州路易斯维尔，曾是通用电气全球集团旗下的一个分支。GEA 被收购时并非面临破产的窘境，但它始终停滞不前，市场份额和利润不见增长，管理风格死气沉沉，产品缺乏创新，员工也从 1971 年巅峰时期的 23 000 人减少到了 1995 年的 9500 人。到 2015 年，随着利润逐年下滑，管理层不得不协商削减成本的相关措施，比如将工厂的起始工资降至每小时 12 美元，而通用电气对此已渐渐失去耐心。它花了一年多的时间为家电部门寻找更好的归宿，却均以失败告终。直到 2016 年，海尔集团正式收购 GEA，作为其全球化品牌战略的重要一步。同时，海尔有权保留美国通用电气（GE）的品牌 40 年，并全权拥有 GEA 的现有家电品牌，其中包括 Hotpoint、Profile 和 Monogram。

到 2017 年底，在被海尔收购仅 18 个月后，GEA 实现了两位数的利润增长，这也是其十年来的最佳表现。正如我在 2020 年中期所写的，GEA 目前是美国发展最迅猛的家电业务，员工总数实现了全面增长，现已超过 14 000 名，市场份额、股东价值和盈利能力增速超过 6%。其中大部分成果还是在新冠肺炎疫情期间实现的，而其他公司当时正在遭受巨大的损失。

GEA 沿袭海尔所有合作子公司的模式，于 2017 年开始实施人单合一管理模式。与此同时，凯文·诺兰（Kevin Nolan）被任命为公司新任首席执行官。诺兰是一名工程师，他将整个职业生涯都奉献给了美国通用电气。在出任 GEA 首席执行官之前，他已经被提拔为 GE 技术总监。他极其迷恋机器，自幼就与机器打交道。当我第一次在青岛见到他时，他刚刚晋升为 CEO。“除非你喜欢机器，否则你无法胜任这份工作。我爱机器！”他说，在完成漫长一天的行政工作后，他的放松方式是回到他的车库，摆弄他的机器。后来我了解到，他周末会花很长时间在公司 First Build 孵化中心的工程和设计实验室里摆弄机器，尝试发明新东西。在他迄今为止的职业生涯中，他已获得 39 项个人发明专利。当我们在圣路易斯第二次见面时，他安排我与他一同参观 First Build。他先花了相当多的时间进行介绍和愉快的交谈，之后我们进入工程和设计实验室，观察年轻发明家们的工作。透过门上的玻璃窗，我看到他非常兴奋地在听他们说话，而当他抚摸机器时，就像一个慈爱的父亲在温柔地抚摸着孩子们的头一样。

诺兰一直酷爱挑战，但他承认当 GEA 准备实行人单合一模式时，他并未做好准备。在每年访问海尔青岛总部的数万人中，诺兰和许多美国公司的领导者一样，对于人单合一在美国的可行性持怀疑态度。他后来回忆道：“刚开始的确举步维艰，因为我从未见过一家企业像海尔这样运作，这是一个崭新的领域，但后来渐渐有了起色。”于是有了尝试的动力。一段时间以来，GE 一直在试图剥离家电部门，这导致许多人纷纷离职，留下来的员工也士气低落。诺兰说："我们觉得自己是多余的，而现在我们有了新的归宿，重新找到了被需要的感觉，我们都知道我们必须干出一番事业。"

在被海尔收购后的第一年，GEA 由一位前 GE 的管理层担任首席执行官，GEA 仍然是一个标准的高层管理的综合性公司。其核心是一个以效率为中心、由产品副总裁管理的产品功能矩阵。除产品副总裁之外，CFO 和其他几个副总裁都直接向 CEO 汇报，所有决策均集中于此。GEA 还未被收购时，公司大多数产品都是通过家得宝、西尔斯和百思买等大型零售连锁店进入市场，客户服务需求也均由这些公司来处理。而正是这道 GEA 和分销商之间的信息防火墙阻断了 GEA 与客户之间的直接互动与了解。我在青岛与张瑞敏先生共进午餐时遇到了这位 CEO，之后我对张先生说："他永远不会'拥有'它。"张先生会意地点了点头，六个月后，凯文·诺兰便取代了他。

诺兰在青岛度过了六个月的时间，学习了有关人单合一模式及其实践的一切。在任职首席执行官的最初几个月，他得到了来自青岛的海尔海外并购经理的定期电话指导和帮助，并大受裨益。"自此以后，海尔便放手让我们开始自己的事业。海尔十分尊重民族和文化差异，他们强烈认为，最好的管理职位应留给那些深谙当地情况的领导者。除了与青岛总部进行月度电话例会，我们会根据自己的需求和目的自行调整人单合一模式的实施。我从未见过这样的总部轻触管理，而我现在坚信我们之间的伙伴关系是中美公司能够实现合作的一大例证。"

诺兰在接手 GEA 之后，便着手瓦解集权性的科层制，试图将其分解为海尔式独立的、自组织的、由中央平台提供服务的小微企业。目前已有的 15 个小微，加上 GE 后时代继承而来的 First Build 创新中心，便构成了全新的 GEA。同时，通过公司 IT 渠道与用户建立直接联系，掌控自己的分销和客户服务业务已成为重中之重。公司目前拥有广泛的工厂服务系统，其客服中心每年处理超过 1000 万次客户电话，这在家电行业中几乎是独一无二的。原来的公司只有一个品牌，而现在 GEA 俨然成为“品牌之家”，每个品牌具备吸引不同用户群体的不同特性，这正是海尔人单合一实践的初期状态，拥有更多的用户定制产品“场景”，员工奖金薪酬制度也更民主。第一年，仅有 170 名高管获得奖金津贴，而现在将近 3000 名员工享受了该福利。GEA 虽未实现海尔自身革命性的用户付薪计划，即小微员工的大部分薪酬直接从客户那里获得，但是每笔奖金都反映了公司的总收益、小微的收益以及个人的 KPI 指标。

GEA 目前由包括凯文·诺兰在内的三人执行委员会管理，按照人单合一的基本原则，权力金字塔已被颠覆。正如海尔一样，公司的经营理念已经转变为“（产品的）所有者为领导”，用户现在处于权力金字塔的顶端，执行委员会位于底部。这一政策在 2017 年 8 月发布的 GEA 内部通讯“制订五年计划”中得到了非常明确的阐述：

> 为推动 GEA 转型并加速发展，首先要将重心从由内向外转变为由外向内。从传统来讲，我们遵循“管理层即领导者”的理念，根据管理层的观点、评估和目标等制定决策……我们现在所做的一切，包括我们的组织结构、工作内容等，都必须旨在满足用户的需求和欲望。我们同用户的联系越紧密，我们就会创造越多的价值，也就越成功。

在用户与执行委员会之间，与用户直接接触的是权力金字塔中的小微企业。他们制定一切涉及产品开发、服务的决策，从根本上决定公司的战略。GEA 取消了战略发展部，诺兰表示他将公司的日常运营移交至小微企业，“通常情况下，直到有人主动告诉我，我才知道发生了什么。”尽管 GEA 的小微具备独立性与自组织性，但他们并非完整的公司，无法像海尔那般囊括所有的功能。相反，像销售、营销和分销等部门均由共享服务平台承担。

GEA 的 First Build 创新中心目前担任公司突破性创新的先锋，每年需要发明 12 种新产品，它唯一的目的是挖掘用户未被满足的需求。First Build 设计与工程实验室坐落于肯塔基大学校园内，该实验室规模庞大，设备精良，并对社区开放。经常可以看到当地的高中生、肯塔基大学的学生以及 GEA 的设计师一同进行研究。实验室遵循无边界和开放式创新的理念，在晚上和周末也保持开放，时刻营造着创造的兴奋氛围。我去参观那天，有两个年轻人通过各式各样的温热多汁的熏鲑鱼样品向我们展示他们刚刚制成的家用炊具。我受其启发并建议道：“你真应继续做一个用木头来烧的比萨饼烤箱。”话音刚落，另一个年轻设计师牵着我的胳膊穿过房间来到另一头，指着几近完成的作品说：“瞧！”我想起了自己十几岁时在卧室里制造原子粉碎装置的情景，竟然舍不得离开了。

GEA 与新冠肺炎危机

在 2020 年 9 月下旬的一次采访中，凯文 · 诺兰说道：“新冠肺炎疫情的暴发使得人单合一真正证明了它的能力。”在大多数美国制造和零售公司经历挣扎或失败时，GEA 却蓬勃发展，茁壮成长。

诺兰说：“当新冠肺炎疫情的挑战日益明显，我们意识到自己正面临着生活中最不可预测、最混乱的事件。我们停工三天，以便每个人能够有时间思考。‘我们该如何最好地应对？又该做些什么？’”把这些问题考虑清楚后，相比详尽的计划，GEA 制定了全局指导方针，即保护员工、保护业务、集中精力满足客户和社会的需求。他们甚至喊出了危机口号来安抚、激励员工和用户："当新冠肺炎使我们分离，人单合一让我们相聚。"或许其中最重要的是他们所采取的积极态度，他们将危机视为发展业务的机会。

诺兰说："这场危机真正地激发了企业家精神，所有人统统转向满足用户的新需求，并挖掘新的商业机会。"不久他们便注意到，在疫情期间，人们更频繁地使用家用电器做饭、洗衣服，等等。他们意识到需要加速生产，真正地运用供应链的敏捷性。每个小微都关注自身的用户和供应链，它们帮助用户解决额外的财务需求，通过全国范围内的活动，优先将家电与服务提供给一线的工人们，他们还通过提供线上品牌培训视频来帮助其独立门店满足额外的需求。疫情期间，员工们志愿工作了 15.7 万个小时，甚至包括律师在内的高级管理层也参与了制造产品机器。GEA 非但没有削减生产，还拓展了新的产品线，开辟了直接消费渠道。没有裁员，没有下岗，相反，GEA 创造了数百个新的就业岗位。同时，严密的安保工作使得 GEA 的工厂被视为全美最安全的工厂。

诺兰说："新冠肺炎疫情的确证明了人单合一模式的速度和敏捷性，疫情推动着我们前进，促使我们成为一家更好的、更与时俱进的公司。"在总结 GEA 疫情期间的成功经验时，他补充道："传统组织的行为似乎是基于未来可预测的前提，他们生活在幻想的世界里。公司的建立必须围绕这样一个事实，即类似的危机未来会相当频繁，新冠肺炎绝不是最后一个。我们不应再生活在追求计划和效率的世界里。"

GEA 的效率和底线目标如今被理想的主导目标所取代：成为美国家电行业最家喻户晓和最振奋人心的公司。在我访问 GEA 的那些美好的日子里，我感到它们已经朝着这一目标走了很长一段路。

第 18 章 其他具有量子管理特性的公司

量子管理为时代带来了全新的管理范式，其总体框架下包含着诸多更狭义的范围、更集中的新管理思想。因此，许多极具前瞻性的公司或多或少都已经实施了具备量子管理或人单合一特征的模式。这些管理思想包括“扁平化公司”“敏捷型公司”“网络化公司”“目标驱动型组织”“合弄制”“人本主义”以及其他一些呼吁消除公司科层制或增强自组织赋权的理念。我认为，阅读其中一些内容可能会对读者有所帮助。当然，完全实施人单合一模式并非一体适用，但通过实施模式中的关键特性，公司会从中获益匪浅。

沃尔沃：圈套圈

在沃尔沃还是一家总部位于哥德堡的瑞典公司时，就是我所知道的第一家有意识实施量子管理的大型公司实例，它有意识地实施了我当时所概述的量子管理原则，并选择工程部门作为首个试验地，其目的是为了重新设计公司汽车的研发流程。

20 世纪 90 年代末，沃尔沃管理层意识到公司的整个设计模式存在重大问题。多年来，沃尔沃致力于生产各种车型，其外观十分相似，但内部却各不相同。通用部件极少，使得生产成本居高不下，加上各款车型外观相似，对客户毫无吸引力。管理层最终意识到，理想的车型应具备独特的外观，可共用绝大多数内部组件。因此，这一目标的实现自然落在了设计和工程团队身上。

管理层最初打算用一贯的组织方式来组织再造工程——明确的指示、自上而下的控制。管理层将决定需要哪些团队，将预选的设计师和工程师分配给这些团队，给予明确的指令，教给他们做什么以及怎样做。当时沃尔沃的学习模式是"时刻跟随你所知"。管理层懂得如何思考，工程师们知道如何遵循指令，每个人都可以依赖可预测的结果。但正当再造工程项目启动之前，负责监督该项目的高级管理团队前往英国，参加了阿什里奇商学院（Ashridge Business School）的培训课程。当时正值我的《重塑企业大脑》一书刚刚出版，这是我关于量子管理理论的首次尝试，我受邀作为培训课程的演讲者之一，概述了我早期的想法，包括自组织团队、去中心化以及自下而上决策的逻辑和好处。沃尔沃的经理们对此展现出极大的兴趣，当他们回到哥德堡时，他们阅读了我的书籍，其中不乏概述量子物理学的主要思想等。他们观察那些摒弃了科层制与自上而下控制方式的公司。最终，管理层这次不再凭确定性行事，他们一反常态，跟随直觉，采用量子策略来建立必要的再造过程。当然，他们也表达了自己对此的担忧，但最后还是将项目的学习模式改为："跳出已知，跳入未知与惊喜！"他们将整个项目移交给工程师和设计师全权负责。

管理层唯一可以确定的是，再造工程的目标是实现一系列主要由通用组件构建的独特车型，而决定需要什么团队，团队如何运作，以及队员分配等问题皆由员工自行决定。最终总共形成 12 个多功能团队，每个团队负责 12 个关键的设计特点——底盘、座椅、转向装置等，曾经筒仓式的工程师们现在作为一个团队一同攻坚克难。每个团队下又组建了更专业的子团队，邀请外聘专家加入。12 个团队每天聚集在同一个巨大的工作间里，以便随时了解彼此的动态；当员工技能可能与之相匹配时，他们能够自发地加入不同的团队或子团队，所有的桌子和计算机终端都安有轮子，方便团队间的移动交流；12 个团队的代表每周会进行小组会议以跟进和协调工作。管理层回顾团队们设计的工作模式，将其称为“圈套圈”（见图 18–1）。整个改革都是动态和自组织的。

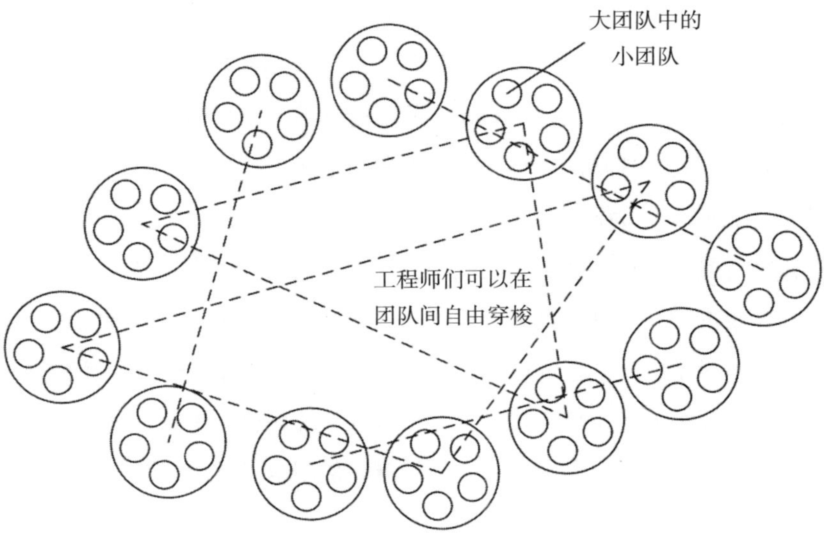

图 18–1　沃尔沃“圈套圈”

项目期间我受邀访问哥德堡，与工程师们在他们的工作间待了一段时间。我感觉工作间的布置更像一个蒙台梭利教室，各种“玩具”（零零碎碎的小装置、乐高积木、材料和工具）散布在周围，营造出一种孩童玩耍的氛围。与我交谈过的每个员工都告诉我，他们从未像现在一样如此热爱自己的工作。对沃尔沃来说，整个试验无疑是巨大的成功。不久之后，沃尔沃焕然一新，车型外观多种多样，内部组件整齐划一，逐步从装配线上下线。当时负责变革管理的副总裁安娜·尼尔森–埃尔（Anna Nilsson-Ehle）后来评论道："在组建团队之前，我们并不知道能从中得到什么。他们的工作方式的确让众人以及他们自己感到惊讶，但它成功了！"尽管沃尔沃的案例不是彻底的人单合一模式，但预示着它的许多关键特征：自组织，大大增强的自我激励，网络般协作的小型、独立、多功能团队，以及由客户需求主导的沃尔沃决策。

维萨（Visa）：混序组织

迪伊·霍克（Dee Hock）曾担任一家西雅图银行的副总裁，该银行发行的美国银行卡（BankAmericard®）是世界上最早的信用卡之一。美国银行卡起初是成功的，但随着其竞争对手的信用卡发行泛滥，使得市场一片狼藉。作为回应，美国银行召开了一次危机会议，并成立委员会，临危受命负责寻找更好的模式。霍克被选为委员会主席，他构想出了一套新的模式，其中许多特性均为量子管理原则的早期实现方式。霍克私下对量子物理学、混沌和复杂性理论等新科学十分着迷，尤其是受到了对于复杂适应系统描述的启发，这些系统解释了生物系统蓬勃发展的原因。他公开写道，在他为全新的维萨信用卡设计模式时，这些想法以及美国联邦政府体系在设计时曾发挥过作用的类似想法，激发了他的思考。

霍克认为，如果要设计一种新的信用卡系统，首先必须对其目标有一个清晰的认识。"除非我们能为这个组织确定一个我们可以信任的目标，否则我们就只能回家……比精确的计划更好的是明确的方向和令人信服的信念，而这一切就在你们心中。”他对委员会的同事们说：“问题是，你如何唤醒它？”委员会花了一年多的时间研究这个问题，而之后霍克在其管理生涯中接触过的任何公司，都必须就其创立愿景和宗旨进行类似的初步和长期对话。正如麻省理工学院的彼得·圣吉（Peter Senge）所描述的，霍克用那段时期的对话“摧毁了整个组织，瓦解了权力关系的一切”。

在构想维萨公司时，霍克认为在竞争与合作之间必须保持健康的平衡，而量子管理和人单合一模式均强调了这种平衡。Visa 信用卡由众多本土银行全球发行，每家银行都希望为自己的客户提供具有竞争力的条款和条件，与此同时，信用卡必须是一种全球货币，具备某些只有通过合作才能获得的通用功能。量子管理会将其描述为，赋予这张卡片粒子（本地）和波（通用）的特性。霍克将其描述为“混序”，处于混乱（竞争）和秩序（合作）之间。

他将这背后的组织构想成一种非等级的、自下而上的权力结构，这种组织是无形且灵活的，没有人“知道它的拥有者是谁，它的总部在哪里，它的管理方式，或是如何购买它的股份”。正如 M. 迈克尔·沃德罗普（M. Michael Waldrop）在《快公司》（*Fast Company*）杂志上进一步描述的：

> 组织必须具备自适应并能响应不断变化的状况，同时保持整体的凝聚力和目标的统一……管理结构不应是指挥链，而应是平等者之间对话、协商、合作的体系。换句话说，权威是自下而上的，而不是自上而下的。

简而言之，这也是张瑞敏人单合一模式所设想的网络化组织。

Zappos：超越合弄制

合弄制是一种管理模式，在这种模式中，原有的团队或公司内部的团队成员组成不同的、独立的、自我管理的新团队，以完成公司的任务和目标。该模式最初是由美国 Ternary 软件公司的创始人布莱恩·罗伯特森（Brian Robertson）于 2007 年创立的，此后被多家公司试用。它基本不存在等级制度，是管理层自上而下的设计和员工自组织管理模式的混合体，而无论是其追随者还是批评者均普遍认为两者各有优缺点。它有一些量子管理和人单合一模式的特性，但在一些重要方面也有所不同。合弄制于 2015 年在美国电子商务公司 Zappos 正式实施。

合弄制的本质是每个员工均处于圈子（即多功能团队）之中，每个圈子都有确定的指导方针，他们的工作是自组织的。整个组织由圈套圈的网络组成，嵌套圈比被嵌套圈拥有更大的决策权。最终可能会形成三到四个圈层，在每一个封闭的圈层集合中，权力等级制度会将更多的权力分配给相对大的圈子，对于较小的圈子，其自组织的自由度会降低。因此，尽管最小圈子的员工对其所分配的任务有一定的自组织自由，但实际上大部分任务早已被他们所在的更大圈子确定了。这在上述的沃尔沃案例中也有所体现。

渐渐地，Zappos 开始不满于合弄制中的等级制度元素，逐步意识到它限制了员工潜力，过度忽视了决策者与用户之间的距离，抑制了产品创新和客户服务。Zappos 始终强调，了解客户是至关重要的，他们所做的一切都旨在给客户带来惊喜。为了实现这些目标，该公司现在采用更接近人单合一模式的管理模式。

目前，Zappos 的 1500 名员工仍处于自组织圈子之中，不同的是，现在他们拥有同等的权力，每个圈子都像一个独立的初创企业一样，直接与客户打交道，根据客户的反馈构思新产品或进行产品调整。总共有 400 个圈子，每个圈子均为多功能性，由 7 名员工组成。为了协调工作活动，每个员工隶属于三个不同的圈子，他们可能在不同圈子中总共扮演七种不同的角色。整个公司是这些协调圈子的网络（见图 18–2）。在 2020 海尔人单合一峰会上，一位 Zappos 的高管受邀作为演讲者之一，表达了 Zappos 现在是如何将人单合一视为学习榜样的。

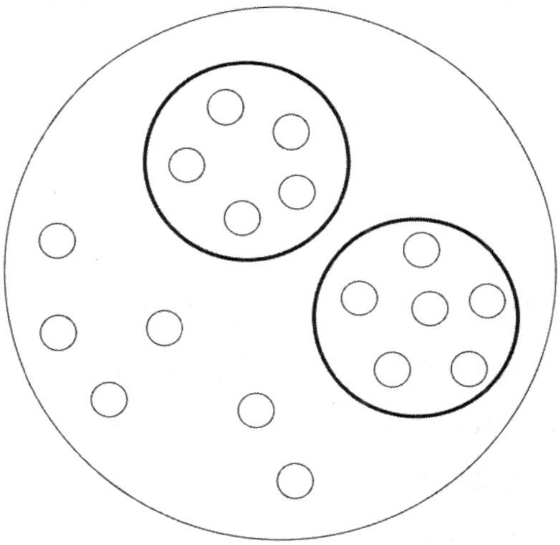

图 18–2　Zappos 合弄制

截至 2020 年，共有来自 29 个国家的 62 975 家企业注册成为“全球人单合一联盟”的成员，共有 800 家企业注册海尔的人单合一培训课，其中包括 25 家世界 500 强企业。

第 19 章

军事组织中的“人单合一”模式实践

在 21 世纪的第一个十年里，美国陆军的军事战略家们开始着眼于量子物理学和复杂性科学以寻求军事方面的应用。他们清楚地认识到世界是持续变化的，战斗形势的性质和敌人的战术一直在变化，军队逐步转变成志愿军，越来越多的军官，甚至包括一些初级军官都受到了良好的教育。因此，军队四处搜寻新的理念以适应时代的变化。美国陆军特种行动特遣部队在伊拉克同基地组织作战的经历在真正意义上聚焦了新思维的需求，受新科学的启发，引发了一场彻底的组织变革。

我不知道军队的参谋和战略家们是否对量子管理有所了解，也不知道他们是否了解一些张瑞敏在为海尔设计人单合一模式时的想法。二者出于同样的原因，受同样的科学启发，特种部队以“小团队构成大团队”的军事组织模式几乎采纳了量子管理的一切原则与建议，与海尔的人单合一管理模式也几乎如出一辙，可以说这是量子管理与人单合一模式在军事中运用的典范。

2003 年在伊拉克，斯坦利·麦克里斯特尔上将开始统领美国陆军特种行动特遣部队。美军与联军推翻萨达姆·侯赛因政权之后，麦克里斯特尔上将的任务就变成了抗击日益猖獗的基地组织反叛力量，他本期待这是一场简单的战斗。特遣部队是全球特种作战部队中的翘楚，可谓是“优中之优”，其成立于 1980 年应对伊朗人质危机之时。尽管组成时间相对较短，但其中的绿色贝雷帽突击队队员应对游击队叛乱的经验极为丰富，他们曾去过越南和非洲等诸多地区。特遣部队纪律严明，训练有素，组织严密，装备精良，拥有先进的通信技术，士兵数以千计。相比之下，伊拉克“基地”组织的武装力量规模小而散，缺乏训练，装备简陋，游击队分散各地，沟通仍然主要依靠徒步的信使完成，他们的组织看起来混乱不堪。然而，尽管具备此等优势，特遣部队的士兵们打击基地组织的过程却十分艰难。不久后，麦克里斯特尔上将逐渐意识到，正是混沌赋予了基地组织优势。他和其他军官认识到，若要取得胜利，他们就必须抛掉所谓的“军事智慧”，向敌人学习。后来，麦克里斯特尔上将在书中写道：“我们被迫清空了大脑，因为我们之前学习的那些战争和世界运行方式已经失效了。我们必须抛弃熟悉的组织结构，并且沿着几条完全不同的线索重建它们。”他对这种创造性破坏做出了以下总结阐述：

> 我们必须依据极端透明的信息，也就是我们所说的“共享”意识分享原则，重新搭建我们的部队，并且进行决策权力的“去中心化”（即“赋能”）。我们消除了各单位间的隔绝壁垒和等级制度的天花板，尽管这些障碍曾经极大地提升了我们的效率。我们观察了我们最小部队单位的行为，并且想办法将这种行为模式拓展到了拥有几千名成员的组织身上，这种组织甚至遍布三块大陆。我们成了所谓的“小团队构成的大团队”：一个巨大的指挥机构，但其所具

有的敏捷性是原先小型团队才会具有的。

特遣部队的这段经历正是一部军事版海尔人单合一模式的演变史。

20 世纪的传统军事组织是建立在泰勒式和牛顿式的模式上的，而这一模式是为工业革命下截然不同的条件和技术而设计的。它依靠“自上而下”和“命令与控制”的领导方式，通过等级和职能的下降以科层制的方式向下延伸。尽管特遣部队下的小型特种作战部队能够在“外面的丛林中”高度适应、独立运作，但是实际上他们仍受内部官僚主义的约束，被束缚于更大的上层建筑之中。在执行伊拉克任务时，特遣部队需要以前所未有的方式开展行动。以前，他们往往单独出动，对有限的动乱地区采取行动。现在，他们则需以数千人的规模，作为实力强劲部队的一部分作战。

应对基地组织的特遣部队是等级分化的，他们内部被分散为孤立的行动筒仓，受上级命令的控制，对作战计划一无所知。筒仓之间没有信息共享，不了解总体战略任务。这些高度专业化的作战部队仅仅是奉命行事。正如泰勒式管理模式要求公司各部门之间、员工之间的沟通应保持在最低限度，他们担心员工间分享不同想法可能使员工减少对任务的关注。正如机器中的零部件没必要知道自己属于哪台机器。

特遣部队与其他伙伴组织之间存在更严重的沟通障碍，如中央情报局、联邦调查局、国家安全局和其他有时需要一同协作的传统美国军队等，这会导致虚假信息、缺乏信任和任务协调等问题。就连各个筒仓式单位的娱乐活动和社交活动都极为分散，“画地为牢”“各自为营”，有不同的住所、健身房和休闲设施。他们不愿共享资源，人人脸上都透露着傲慢。麦克里斯特尔上将说：“我们的绝大多数军人都活在近乎平行的世界之中。”没有人拥有高出自我的归属感。

泰勒式组织的最高价值是效率，即用最少的时间、精力和金钱获得最大的收益，它驱动着偌大的、讳莫如深的、集权化的、僵化的、反应迟缓的庞然大物运转。一个运转良好的机器般的组织对于传统军事思维方式的确很有吸引力，但麦克里斯特尔上将很快意识到，这与基地组织中分散的、小规模的、积极性高涨的敏捷性组织是不相匹配的，这些敏捷的部队单位混沌地黏合在一起（如图 19–1 和图 19–2 所示），它们的领导者是一些精通互联网技术的年轻人，他们了解并掌握了无边界沟通的力量。麦克里斯特尔上将由此总结道：“我们必须将自适应培养为我们的核心竞争力，而非效率。”这需要彻底的文化和结构性革命，并消耗很多特遣部队的时间，也需要军队战略家的长期指导。战略家们认识到，人们处理复杂的、快速变化且不可预测的情况是需要系统思维的，而组织能够最好地应对复杂性的时候便是能像复杂适应系统一样运作之时，并需要从军事角度阐述成为复杂适应系统的角色。

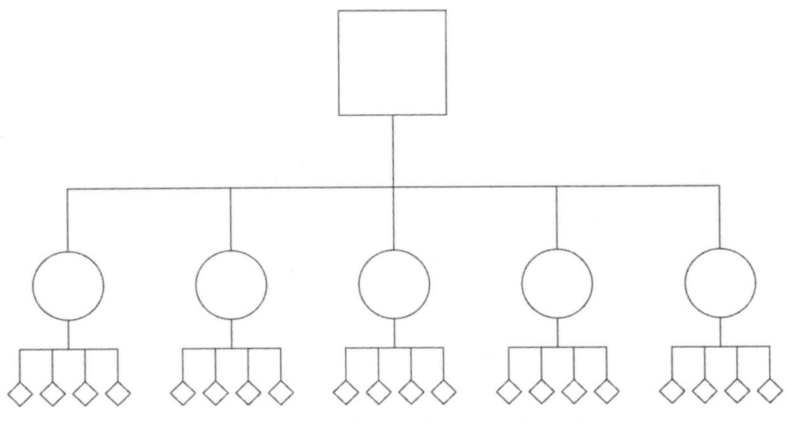

图 19–1　美军特种行动特遣部队的层级结构

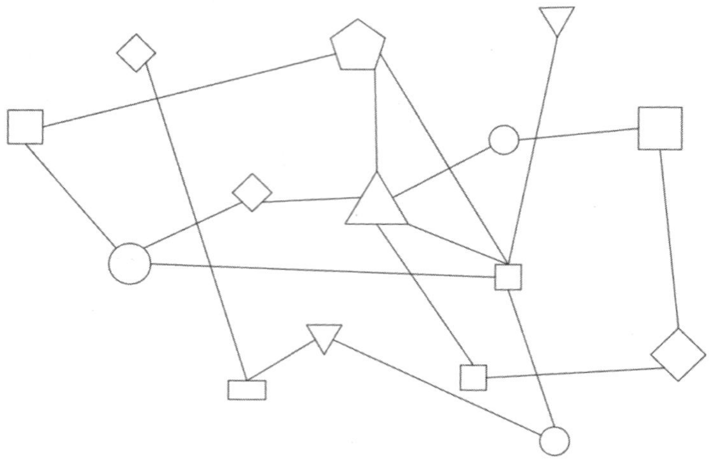

图 19–2 “小团队构成大团队”的组织结构模式

特遣部队一直认为敏捷的小型团队具备战术优势，能够自发适应危机局势下实时实地的条件，它们是明星部队。但是当小团队被嵌入更大的团队，嵌入传统的指挥和等级森严的组织结构中时，它们的适应能力并未赋予整体以战略优势。每个小团队只是作为一个独立的单位，执行中央指挥部下达的具体演习。在组织文化方面，特遣部队的指挥意识到他们必须改变团队精神，从强调个人特质和单独小组的个人成就转向重视集体卓越和团队间合作的集体成就。正如麦克里斯特尔上将所说：“我们必须应用‘我们’取代‘他们’。”小团队的成员需要获得相应的认同感与归属感，即他们是更大的、数以千计规模的、全球部署的特遣部队的一部分，是与合作组织构成的外部生态系统的一部分。

这一文化的转变需要新型结构化的“基础水下爆破训练”（Basic Underwater Demolition SEAL school，BUD/S）[①]。BUD/S 训练旨在设置特

① BUD/S 是一门为期 24 周的训练课程，旨在培养和测试海豹突击队候选人的耐力、领导力和团队合作能力。——译者注

别任务，使各个小团队只有在制定同他人合作的战略时才能取得成功。随着革命友谊和认同感的不断深化，现在的住宿、社交和休闲活动更自然地将不同特遣部队小组及其伙伴组织的成员融合在一起。部落壁垒被打破，但同时并未失去使特遣部队与众不同的高度专业化的巨大优势。麦克里斯特尔上将说：“整个部队不仅要对作战环境和整体组织有一个基本的整体理解，而且也要保持每个团队的独特技能。”他将其总结为建立特遣部队更大范围“共享意识”面临的挑战。这将需要文化和结构性上进一步的转变。

和海尔一样，人们发现小团队的人数规模在 4~20 人时自组织运行的效果最佳。现在人们又意识到，特遣部队必须将小团队的专业化技能与它们对总体任务及宗旨更全面、普遍的认识相结合，从而使它们能够与其他专业化团队合作实现这一目标。这要求我们用开放、信任、透明和信息共享的组织文化来取代现有的保密、怀疑、严格信息控制的文化。为了形成必要且整体的使命意识，并依靠此进行自发协作，我们必须将一切事物联系起来，每个人皆应知道他人所知之事。因此，我们必须打破先前为保护等级、职能和组织知识运作能力所筑造的一切信息壁垒。特遣部队必须像基地组织及其继承者们一样精通技术，开发出人人皆可访问的复杂集成的信息分布式网络，整个组织必须借鉴再创造使敌人高度敏捷，高度适应混沌。

然而，如果缺乏领导文化和组织结构方面的转变，一切更深层次的文化和结构性变革也就无法实现其所期望的自组织自适应。因此，我们必须摒弃备受组织青睐的传统的、集中的、自上而下的、指挥控制的领导文化以及使之成为可能的科层制结构，转变为自下而上的放手管理和相对松散的组织结构，将权力分配权和战术决策权下放给当地小组的军官，使他们可以根据形势自由调整使用和分享权力的方式。将军及其高级军官同僚们不得不转变自身的角色，他们需要成为使命的引导者，激励和鼓舞地面部队采取必要的行动以实现总体的战略目标，并为他们提供必要的装备及后援支持。过去习惯于无条件服从的将军们现在成了服务型领导者，即量子领导者。

与企业的 CEO 相比，将军们或许更不愿意交出权力。军事智慧和军事传统使他们有条件相信，他们对于权力的掌控是任务完成的必要条件。混沌是传统军事文化的大忌，集中控制才是有效作战行动的秘密。放手管理、权力分散、自发的自组织怎能取得战略成功所需的高度配合的大规模组织效能呢？为了打消这些疑虑，他们的复杂性科学顾问利用蜂巢的例证向他们介绍了复杂适应系统的量子涌现特征。

单个蜜蜂因其大脑过小，无法理解极为复杂的合作行为，但这些行为是构成蜂巢结构和活动的基础。人们普遍认为，蜂后通过自上而下的、严密的化学信号体系向工蜂发出信号指令来协调和控制蜂巢的一切活动。简而言之，蜂巢便是传统的小军队。但近来研究蜜蜂组织行为的科学家们发现，蜂巢实际上是一个复杂适应系统，没有高层的集中控制。蜂后的作用是生产幼虫，有些幼虫将成长为工蜂，而此前观察到的复杂蜂巢里的活动奇迹，实际上是源于无数的工蜂共享化学信息所形成的小的、局部的、合作的、自组织的活动之间的关系。由此产生的蜂巢的整体统一性实际上大于其各部分的总和。

蜂巢这一实例向特遣部队的领导者所传递的信息是，众多小团队自发协调应对局部情境而进行的自组织活动能产生同样的整体性。埃里克·墨菲（Eric Murphy）中校在后来建议美国空军进行类似陆军特遣部队变革的简报文件中，从军队的角度阐述了蜂巢的教训：“部队结构及其所创造的战略环境是复杂适应系统。换言之，部队结构是由各种非线性相互作用的自适应要素组成的，并表现出涌现、共同进化和路径依赖等一系列系统性行为。”

人们谨记这一教训，美国陆军特种作战特遣部队变革成了一个活性量子系统。对比图 19–2 变革采用的“小团队构成大团队”（Team of Teams）组织结构模式、图 19–1 美军特种行动特遣部队的成绩结构和图 15–1 海尔链群结构模型以及后续的生态圈品牌战略，便会发现这些模式之间的相似之处。量子管理原则在大型军事组织中的应用正如其在大型企业组织中的应用。

ZERO

第五部分

量子社会

A New Paradigm for Living, Working, and Leading in the Quantum Age

DISTANCE

第 20 章
什么是量子社会

我是在美国出生长大的，我的自我认同几乎完全是一个“美国人”。这种认同感是精神层面的，它与诸多因素相联系，例如一个人对美好生活的憧憬，他或她与美国同胞或世界的关系，以及他或她对生活实践的意义和重要性的深刻认识等。这些充分体现着美国的价值观，并为一个人的国家和家庭带来荣誉，就连我十几岁时对科学的兴趣也是由服务美国的愿望和对原子物理学的迷恋所唤醒的。但是，在我 20 岁左右的时候，我的信仰根基开始动摇。19 岁那年，约翰・肯尼迪总统遇刺，不久后马丁・路德・金、鲍比・肯尼迪也惨遭暗杀，与此同时，美国深陷越南战争泥沼无法自拔。一股黑暗的无理性力量似乎决意要摧毁美国社会中最好的东西及其所象征的一切，我的信仰大厦轰然倒塌。

大学毕业后的许多年里，我身处异国他乡，却无心渴望从前的社会归属感。当我的孩子出生后，我开始思考我希望他们在什么样的社会中成长，具备什么样的社会价值观。与此同时，《量子与生活》的读者写信问我，我心目中的“量子社会”是什么样的。当时美国社会正逐步堕落，进而演变成了当今的特朗普主义社会，我所生活的英国也并不具备量子社会的所有特质。因此，基于构成量子世界观基础的原则和价值观，我开始在《量子社会》一书中描绘我心目中的“量子社会”。不过那是很多年前的事了，我对于理想的“量子社会”的认识随着时间推移也在不断进化。新冠肺炎疫情带来的社会失灵使得包括我在内的许多人重新思考：“我们到底想构建什么样的社会？”

扎根整体的复杂适应系统

对大多数人来说，物理学的世界似乎很遥远。抽象的数学公式和复杂的实验结果似乎与我们日常生活关注的问题、感受、激情、决策以及社会制度毫无干系。但是，人类是物理性的生物，正如日月移动和原子聚散一般，我们的身体和思想也遵循同样的法则和力量，我们是地球生命系统中的一员。量子科学告诉我们只有一种现实，即我们和关乎我们的一切乃至整个社会都是现实的一部分，是更大整体的一部分。因此，理想情况下，我们的社会将反映出量子宇宙中区别于其他一切事物的相同特征和创造性动力。

正如本书第二部分所述，我们是“量子自我”，既像粒子又像波。我们是个体，却又通过关系来定义，我们是多样的。我们的生活寓于万事万物之中，却又包含着万事万物。我们的社会生活应该反映出这些相同的平衡、互利的两极、定义的关系、拥抱多样性以及体现整体性等特质。在本书第四部分中，我们看到了具备这些特质的“量子组织”的可能性，当公司被引导建构为活性量子系统或复杂适应系统时，它们会不断地进化，不断革新，发展也将更加可持续，而那些大型城市创新复杂性的秘诀则在于它们自然演变成了这样的系统。

我们看到，所有的复杂适应系统都是自组织的、整体的、涌现的和探索性的，它们在多样性中茁壮成长，在混沌的边缘泰然自若，并与环境进行共创性对话。因此，量子社会应具备全社会范围内的同等系统特质和系统动力，这似乎是最明智的。

个体、公民、自然界的成员

当今时代的主要挑战之一是将人的内在世界与社会的外在世界联系起来，并将其置于更大范围的自然界中看待。将个人和社会与更大的东西相联系，重拾更深层次的意义，这是一种精神挑战。这一挑战在西方世界尤为紧迫，极端的个人主义让人们变得自私自利且缺乏责任感，“人类独立于宇宙和自然”等牛顿式学说促使人类残杀伙伴的以及对剥削自然。与此同时，东方社会的一些传统价值观可能忽视或难以意识到个人的重要性和价值。自工业时代以来，不论是发达国家还是发展中国家，它们都只顾经济效益，对自然和地球环境采取了牛顿式的漠视态度，完全把“人是自然和广阔宇宙的一部分，并需要对其负责”的传统自然宇宙观抛到脑后。

我们看到，复杂适应系统的可持续性和创造性在一定程度上取决于系统中各要素的状态，它们需要保持健康并在整个系统动态中发挥独特的作用。复杂适应系统由若干的重要部分组成，各部分将自身性质和功能结合起来形成复杂的关系网，使其系统大于各部分之和。因此，无论是量子管理理论，还是企业里贯彻量子管理原则的人单合一实践，都十分强调个体潜能的重要性和无限性。量子企业的价值观及组织结构，旨在最大限度地发挥每个员工的能力和充分实现其潜能。我将其称为量子组织的“粒子性”。

同样，量子社会也应具备“粒子性”，它强调个体的重要性和价值，希望构建让每个人都能发挥最大潜能的社会和政治结构。量子社会负责满足个人需要，培育个人修养，并为个人提供机会，因为它知道这最有利于整个社会的需要和发展。因此，量子社会为每个人提供高质量的医疗服务、高标准的教育、良好的公共文化设施和社区环境等，培养人的“身、心、灵”，在人们需要和年老时给予支持，以及保障人们以自己的方式受惠的自由。

量子组织和量子社会也都具有“波动性”，它们是涌现的集体，员工和公民都是其中的一部分。量子社会的集体性和波动性体现在共享的公共空间和公共机构，体现在我们共同承担的责任，体现在我们作为文化黏合剂凝聚社会的意义和价值以及社会大家庭的归属感。尽管在不同的文化社会背景下，这些意义和价值不尽相同，但在所有量子社会中，它们都包含着诸多特质：互相尊重、共同责任、同理心、多样性、社会和谐以及社会是一个整体的角色共识。它在人类生活共同目标中的作用以及人类在自然和宇宙中的角色使其具有了更高的意义和使命，而这种更高的意义和使命透过反映美、平衡、和谐、自然、群体归属感的文化符号和美学，反馈给了社会成员。量子社会是个大家庭，其中的公共空间是一个偌大的家。

正如一个个量子个体通过与他人建立波式关系来找寻自我认同，量子社会的成员也通过与整体社会的关系来拓宽这份身份认同感。认识到个人修养和自我变革是社会转型和文明社会的载体能让我们生活的意义和目的也得以升华。在改善自己的同时，我也在改善所有人的生活。量子物理学告诉我们，我们创造了世界，因此要对世界负责。同理，量子个体创造了社会，要对社会负责，他们通过成为社会的一部分发现了更多的自我。

当写到量子个体与其所属的自组织量子社会之间的关系时，我的脑海中浮现出了自由舞团的画面：每个人都是独舞者，但舞步与他人格外和谐。他们虽是独立的个体，但共同创作的舞蹈却呈现出一种新的现实。作为“艺术品”或“作品”的舞蹈在独立而自由的舞者之外，有着自己的身份认同，而每个舞者在保持自身独特性的同时，获得了一个新的身份——舞团成员。

尽管说了这么多，我们看到自己离成为量子自我或生活在量子社会还是非常遥远。在当今的西方社会中，我们都是没有舞团的独舞者，是原始的个人。民主理想基础的自由和个人权利已经演变成为夸张的“自我优先”：作为一个自由的个体，不管对他人造成何种损失、伤害和后果，我都有权做我想做的任何事情。新冠肺炎疫情期间，我们经常在媒体中看到美国人捍卫自己不戴口罩的权利。当英国广播公司号召国民团结起来，遵守封城规则，像保护家人一样保护同胞时，一位著名记者抗议道：“英国不是我的家！我有自己的家人，保护国民的生存权和行动自由应当是政府的责任。”

他们把自己看作孤立的原子，在毫无道德观念的匿名社会里漫无目的地来回游走。正如撒切尔夫人的一句名言：“没有社会这种东西。”然而，基础物理学和人类的生物本性告诉我们，这是一种妄想。我们生活在一个零距离的共生世界里，万物相互纠缠，人们相互渗透、相互包含。宇宙和生物圈的每一个要素都依附于更大的系统，并促使系统实现可持续发展。社会就是一个更大的系统，每个人都是其中的一部分。社会有自己的社会存在与社会认同。没有“我们”就没有“我”，没有“我们的”就没有“我的”，没有社会就没有“公民”。

社区中的社区

个人主义并不是分裂当今西方社会的唯一力量。当今大多数西方民主国家中，民粹主义“身份政治”主导着社会意识和政治忠诚。在无耻政客的煽动下，人们不再将自己视为公民同胞，而是隶属于不同种族、不同宗教、不同少数民族或特殊利益群体的成员。这些政客希望掩盖自己无能的多重挫败，他们无法解决工薪阶层选民现实中经济匮乏的问题。当今社会更加强调差异，不再重视共性或更包容的亲密关系。我们把不属于自己社会群体的人视为“外人”，我们认为他们极具威胁性，认为他们心中对包容和平等的期望可能会摧毁我们以及我们所珍视的社会。美国社会不只有“美国人”，还有“非裔美国人”“美洲原住民”“西班牙裔美国人”“美国白人基督徒”“穆斯林和犹太裔美国人”等。欧洲社会有“公民”和“移民”，脱欧后的英国社会则有“脱欧派”和“留欧派”。每一个“部落”都受到其他“部落”的威胁。

换个积极的说法，“种族部落”也被称为“社区”。在更健康、更多元化的社会中，社区具有双重认同感。正如其中的个体，每个社区都有一个“核心”（粒子层面）和“整体”（波动层面）。每个人既担任独舞者，又是舞团成员，因此每个人既是自我也是他人，与彼此共享社会公共空间和国家生活。这便是理想中的量子社会，我称之为“社区中的社区”。在民粹主义分裂出现以前，伟大的美国“大熔炉”就是由美国人、意大利裔、爱尔兰裔、波兰裔等组成的量子社会，他们既遵循原国籍的身份认同和习俗，同时也享有美国人的共同身份和风俗习惯。这种双重身份社区的融合以及对多样性的认同是美国的独特优势。美国的民族文化是以个人主义为中心的个人文化与集体式民族融合的社区文化的量子叠加。当美国人谈到国家需要治愈疗伤时，他们正是希望国家能够回到这一点上，但现在何种形式的治疗都必须弥合少数富人和多数穷人之间的鸿沟。

对话：量子社会的交谈方式

复杂量子社会拥抱多样性并从中受益，但当来自不同背景，拥有不同需求和不同观点的人生活在一起时，我们必须知道如何传达我们的共性和一致性，需要懂得宽容和相互尊重。我们可以通过共同符号和公共盛事来实现这些，但人类最强大、最独特的沟通方式其实是对话，以语言为载体实现彼此之间的交谈和社会的公共对话。西方社会已经因民粹主义支离破碎，社交媒体传播了广泛的错误信息，甚至时而完全摒弃真相，公共对话变得愤怒且充满对立。即使在好的时代，西方人喜欢的交流方式也一直只是“辩论”。

辩论的本质就是“拳击”，双方各执一词进行争论，驳倒对方者为胜。辩论是非此即彼的讨论，二者必有对错，必有输赢。倘若我的论点更有说服力，那么你的也就无效了，这否认了问题的两面性以及看待问题的方式的两面性。辩论强调差异，迫使人们处于敌对的状态。辩论引发非黑即白的思考，人们想当然地认为一个人的论点越肯定，就越可能赢得比赛。因此，辩论并不鼓励量子社会所需的批判性思维和谦逊，而正是批判性思维和谦逊让人们能够坦诚地质疑自己或他人的假设，并最终实现创造性重构，产生广泛的共享视角。辩论阻碍了人们之间的共同探索与相互了解。

相比之下，对话是一种无止境的开放式交流方式，它旨在促进共同探索与相互了解。“对话”起初是由苏格拉底构想的，作为一种教学方式，它旨在让学生质疑自身假设，发现自己不知道自己早已具备的知识。古希腊的雅典公民也曾使用这种方法解决冲突以达成新的解决方案。辩论是直截了当地获得正确的答案，对话则是在探索所有的选择和观点后，从中找出最优解。在辩论中，我知道一切的答案，想要极力说服对方辩手，让他接受我的观点，而在对话里，我则不断地提出问题。

辩论是一种零和博弈，有且只有一个赢家，而对话是发现每个观点或立场的正确面，最终实现人人受益的双赢共荣。辩论是关于行使权力，是证明我方正确和他方错误的权力，对话是关于倾听和尊重，尊重他人可能说出的真理。辩论不会帮助实现新的认知突破，也不会产生预料之外的解决方案，败者要全盘接受赢家的一切观点；相比之下，对话是涌现性的交谈，它最终产出的突破性见解要比对话中所有人的观点和想法加起来还要多。因此，辩论是“牛顿式”交流，对话是“量子式”交流。

“非此即彼”和“唯一最佳法则”思维模式下的西方人历来认为辩论是最自然的交流方式，因此，西方社会始终充斥着反对、对抗和异议。在这个日益分崩离析的民主社会中，对话已经演变成一种愤怒的、近乎交战的分裂式公众对话，很少有人倾听他人的想法。意识形态之争使得对立的政治派别日趋瘫痪，无法得出一致的可行性方案，社会问题越来越难以解决。社会效率低下，不再和谐。

量子社会寻求一种建立在相互包容、相互尊重和拥抱多样性上的社会和谐。当不同的需求和利益急需满足时，它们会寻求双赢的结果。量子社会的创造性发展离不开不断涌现的创新想法和解决方法，而这些想法和方法源于对多种可能性的探索。量子社会需要以量子为本质的交流，因此对话是最自然的沟通方式之一。

第 21 章
量子社会治理：两个伟大的实验

在量子社会中，国家最高领导层或政府应当是焦点和灵感的来源，他们应当反映并不断强化构成量子社会的共同愿景和价值观，引导践行国家使命。若要担任政府要职的人的个人生活、个人行为和性格特质等各方面都要反映国家的基本价值观，他们需要成为人民的模范与榜样，正如第 13 章中阐述的“量子领导者”。

量子社会的政府必须建立一个强有力的中央控制系统，它能够树立国家价值观、标准和目标，能够构建基本的法律体系来界定和保护公民及其子孙后代的权利与责任，能够在面对国家危机或确定紧急优先事项之际集中力量组织协调系统的各个元素。根据量子管理的原则，一切标准和法律都应当反映政府的承诺，即尽可能地让公民过自己想要的生活，按照自我的意愿自组织一系列特殊利益集团、社区或地方政府。这类似于 CEO 在量子公司中扮演的角色。政府首脑与量子 CEO 一样，他们指导、定义和制定相应的原则与标准以维护国家价值观并保护公民，但他们无法控制具体的公民生活方式和地方自治方式。

当今世界，中国和美国作为占主导地位的超级大国，是世界上最大的两个经济体，自然在全球秩序中少不了激烈的竞争，以决定哪种治理模式能够赢得更广泛的支持。每个国家都在竭力揣摩发展中国家的心理，某些高度发达国家甚至开始重新审视自己现有的模式。

美国推崇的个人主义比许多民主国家珍视的个人主义要激进得多，这引发了诸多社会后果。美国对于言论自由、持枪权以及不受约束的新闻自由等个人权利的保护十分极端。美国人不信任当权政府，不喜欢所谓的精英和专家。美国政府极其不专业，管理极为分散，这在其他民主国家十分少见。在世界的眼中，美国文化始终是独一无二的。

作为拥有 5000 多年历史的文化之邦，中国在漫长的历史中发展出优良的中华传统品质，这些品质在现代治理方面仍然特点显著并且发挥着重要优势。它也使得中国的政权制度在世界上不是那么典型，但其治理效果比其他国家的好得多。中国人推崇学习并重视学问的传统延续至今，使得现代中国人高度重视全民优质教育和政府专业知识，造就了一个高度专业的出色政府，这在发展中国家实属罕见。

中国人尊重政府的传统以及中国政府出色的治理能力，使人民对政府的信任度和与政府合作的意愿出奇地高。西方民调机构的调查显示，87% 的中国人高度信任他们的政府，这种信任源于一种认识，即当代中国领导人是有原则的正直之人，他们全心全意地为人民服务，能够满足人民日益增长的需求。

我认为量子社会的主导价值观包括相互尊重、共同责任、同理心、拥抱多样性、社会和谐、关注共同利益以及政府努力确保实践这些价值的信念。事实上，中国和美国都崇尚这样的价值观，但从实践、价值观嵌入社会观念和社会行为以及有效社会成果的程度看，两国又表现出巨大的差异。

民主这一政治模式实际受到了牛顿式原子论的启发，正如原子组成宇宙，个体构成了社会，个人自由和个人权利成为一切治理原则的关注点。20 世纪 80 年代初，以“里根主义”为代表的新自由主义通过了有利于新型严苛资本主义商业行为的税收法律法规。起初的个人主义原则已然演变成一种自私自利、无视他人和公共利益的极端个人主义。“作为一个美国人，我有权做对自己（公司）最有利的事情”“我只对自己负责”成为众多美国人遵循的主要社会准则。拥有足够多财富和实现自给自足成为道德与美德的象征，这让人们坚信贫穷就意味着懒惰和道德缺陷，因此不值得任何同情和帮助。

过去的 50 年中，诸多新问题和社会态度的转变给美国民主模式带来了又一层压力。美国社会长期存在系统性的种族主义，加上当今对物质财富的盲目崇拜，造成了“正义并不平等”的社会现象，动摇了民主“法律面前人人平等”的基本原则。自私自利及其滋生的腐败赋予游说者和特殊利益集团过大的权力，激励政客通过操纵选区划分来影响大选结果。二者都极大地削弱了公民投票方式与政府实际政策执行之间的真正联系。

“身份政治”和“政党私利”引发了日益严重的政治两极分化，削弱了美国民主政府赖以生存的共识政治。对于言论自由、新闻自由等民主权利的过度解读，加上无须审查的福克斯（Fox）等有线电视新闻频道和 Facebook、Twitter 等社交媒体的分裂力量，导致了有害的错误信息、阴谋论、国内恐怖主义行为传播泛滥，进一步破坏和分裂了维持民主运作所需的理性公众对话。互联网的广泛使用也助长了色情和性别歧视的泛滥，损害了妇女的权利，动摇了社会的道德基础。

今天的美国早已四分五裂，种族隔阂严重，政治制度崩溃，社会分崩离析。曾经被颂扬的“民族大熔炉”，一个“由移民建立的国家”，如今却充斥着对移民的恐惧和仇恨。自私自利的资本主义，“自我优先”心态驱动的商业行为以及买通的政治决策，让 1% 的人获得了 50% 的国家财富。大公司和少数富人缴纳税率过低，使得公共预算不足以重建残破的基础设施，不足以维持公共教育体系的高标准和高质量。7000 万美国人如同第三世界人民一般生活在水深火热之中，中产阶级苦苦挣扎，工资停滞不前，许多美国人感觉被权势集团背叛，权利遭到剥夺，绝大多数人坦言他们不信任政府了。所有这些都导致了民粹主义的兴起，进而演化为特朗普主义，最终造成今天美国无法有效应对新冠肺炎疫情的局面。然而，要解决这一切，拜登的当选还远远不够，美国需要一场社会革命来重新定义美国的价值观，重新定义主流文化，这场革命应植根于全新的法律和政治实践以及政治体制改革，并能够权衡美国独特的政治结构和民主文化的关系。

许多民主国家也面临着同样的问题和挑战。尽管问题并非如此严重，但反民主的民粹主义威胁日益扩大。例如，欧洲的工人阶级选民认为“精英权势集团”忽视了他们的需求和担忧，英国的自杀式脱欧便是民粹主义的惨烈后果。正如美国一样，新冠肺炎疫情行以及政府疫情防控上的无能，使得欧洲大部分国家陷入了社会紧张局势，系统无能和缺乏有效领导等问题日益尖锐化。几乎在所有的西方国家，民众对政府的信任度都极低。

民主制度的一些日益严重的问题来自是什么赋予了权利合法性。民主模式需要定期频繁地选举，迫使领导者聚焦短期目标，采取短期战略，往往优先解决一些临时且不太重要的“当下问题”来取悦选民，因而治理国家（复杂适应系统）所需的长期思维和全面思维遭到抑制。民主决策总是需要多方权力集团达成共识，过程十分缓慢，系统也就无法采取高效的自适应策略对快速变化的危机做出及时响应。纵观当今的民主世界，许多知识分子，甚至政治领导人都在质疑民主本身的效力，《经济学人》(*Economist*) 2019 年 11 月刊社论板块的一篇文章中谈到了“全球性民主衰退”的趋势。所有人都在问，重大改革能否改变民主的颓势，让其重拾辉煌，还是我们应该考虑采用其他的治理方案？有些人甚至在想，中国模式是否可能成为替代的首选。

中国的人民民主专政这种政治形式以及直至今天仍然强大的集体主义文化，其根源是中国传统的儒家哲学，即社会是“小家”构成的“大家”。家人之间具有强烈的归属感，他们对彼此和家庭负责，总是将他人利益和家庭利益置于个人利益之上。家庭的和谐与安全自然少不了家人之间的相互体贴和相互支持，血缘关系格外牢固。兄弟姐妹之间虽然时常小打小闹，因为他们有着不同的性格、不同的热情、不同的成长方式以及不同的发展道路，但他们总是在彼此需要的时候相互扶持，永远不会丢失那份对家庭的责任感和归属感。对现在的中国人来说，个人需要和喜好固然也很重要，但这些依然排在集体责任和忠诚之后。每个人都是“大家”中的成员，国家是一个“共同的家园”，这种归属感体现在中国人感受彼此和对待彼此的方式之中，体现在中国人对国家的集体自豪感和忠诚之中。

根据儒家的传统和价值观，对父母和长者的尊重应进而延伸至对政府的尊重。正如家庭应该尊重父母的权威，社会也应该尊重政府制定的规则；政府也要努力成为“好父母”，他们有责任保护人民免受危险，满足人民的需要，为人民提供机会，确保他们尽可能过上优质的生活。倘若它们不这样做，那么可能就会受到群体的攻击。中国共产党确实经受住了历史的考验，得到了人民的认可。

道家学说及其“我们生活在整体而和谐的宇宙中”的哲学信仰强调天地和谐。“和谐”是主要的社会价值。维护社会和谐与民族团结仍然被视为中国共产党的首要任务。在中国的历史长河中，保障社会和谐并非易事。尽管有着强烈的集体主义文化，但中华民族始终是一个独立自主、意志坚强且稍不安分的民族。

中国共产党并不是被外国观察者污蔑的大一统独裁组织，也不是专断决策而不听取人民群众意见的政党。中国目前已有超过 9000 万名党员，占总人口的 8%，他们来自社会的各行各业，各个民族，各个年龄层。国内还有诸多民主党派可以针对党的政策各抒己见。中国也存在其他规模较小的政党，可以举办党内年度会议，它们在国家治理方面拥有参政议政的权利。

党组织的覆盖面十分广泛，延伸至每一所大学和企事业单位，权力下放至处理大多数当地问题的邻里社区。党员有义务参加当地社区的例行会议，有责任反馈社区人民群众提出的困难或问题。若当地无法处理，应汇报至上级党组织予以解决。此外，党还定期进行全国民意调查，询问公民对其生活和居住环境的满意度。上述内容的确证明了中国共产党所说的中国人民确实享有“中国特色主义民主”。

一个负责组织和应对社会各个层面日常事务的庞大组织机器，确实需要一个相应的官僚体系加以管理，但是这可能会使决策和响应过程变得极其缓慢，常常使苦苦等待的人们陷入沮丧。赋权进行决策的各级政府在一定程度上具有自组织的地方自治权，只是各政府之间效率有别。中国奇迹般的速度和效率能得以实现，除了依靠全国共同努力制订高度优先计划和决策之外，还因为中央政府能够在需要时召集协调全党，迅速采取行动。而美国政府因为缺乏类似的集权力量，导致其不能有效地应对新冠肺炎疫情危机。事实上，很少有大型民主国家具备这一特点，大多数国家都将其视为对地方政府自治的威胁。

正如前文所说，中国文化一向高度推崇学习，重视学问。儒家文化下的政府官员、社区领袖和商人都被期望成为君子，希望他们是因深厚的学问、专业知识和道德修养出类拔萃。古代官员们若想侍奉皇帝，必须先通过高难度的科举考试，来展现他们对于古书经典的把握。近年来，中国共产党开始鼓励广大人民群众重拾中国传统文化经典。公共建筑上随处可见的社会主义核心价值观海报、宣传板都十分醒目，鼓励每个人形成良好的道德自我修养：爱国、敬业、诚信、友善是公民个人层面的价值准则；自由、平等、公正、法治是社会层面的价值取向；富强、民主、文明、和谐是国家层面的价值目标。

自 1979 年邓小平提出“改革开放 ”以来，中国以奇迹般的发展速度震惊世界，众多民主国家的领导人也为中国速度点赞。短短 41 年，中国从一个极度贫困的农业国崛起成为世界第二大经济体，即将成为世界第一大经济体。截至 2020 年，中国已建立了令许多发达国家眼红的高度现代化国家基础设施，学校和医院得以建立，航天科学高度发展，诸多领域的高端科技产业都愈加完美，中国的绿色能源发展行业在世界上也处于领先地位。中国仅仅用了 41 年就从农业时代跃迁到了工业时代，即将迈入量子时代。

当然，中国实现诸多奇迹的效率和速度主要得益于其目前的政治体制，在这种体制之下，国家能迅速实施庞大的国家规划，无须频繁地征求选民同意，就能制定宏伟的长期目标。事实上，中国的进步在很大程度上归功于中国经济模式创造的财富，这种模式与中国人的价值观十分契合，因此极为有效。20 世纪 90 年代，邓小平积极发展混合经济体制，将资本主义市场实践的财富创造优势与社会主义制度相结合，确保财富惠及全社会。中国人称之为“中国特色社会主义”。

中国的经济主要包括民营企业和国有企业。国有企业的所有利润均为政府预算，用于公共支出和社会发展资金，在民营企业中，国有成分所得的份额将进一步用于社会发展资金。民营企业和国有企业都在开放的自由市场上竞争，但迄今为止，一些国有企业因管理不善和员工积极性不高等因素，盈利能力远远不如民营企业。国务院也考虑到了这一点，在不久前推出了融合市场机制和政府监督的新型“国家市场经济”，旨在更好地协调私营部门和国营部门，以实现预期的国家目标。同时希望公营部门能从私营部门学习更好的管理经验，并通过实践强化私营部门的社会主义价值。

许多民营企业家通过自愿参加众多慈善活动，为社会发展做出贡献。我有一个比较富裕的朋友，他有一家不错的水处理公司，不久前他在自己长大的农村出资建了一所职业学校，在他这个收入层次上，这种事情十分常见。他还资助了我两年的研究。对于更大型私营企业的领导者来说，他们往往会选定一个乡村，在那里建学校、诊所，改善村民的住宅条件，加强基础设施建设，也有人会资助文化项目。中国许多富有的企业家都出生于农村，受益于国家的公立教育，才有现在的成就，所以他们总有一种回馈社会的意识。

国有企业的收入及私营企业的国有份额，加上富有的企业家“回馈社会”的传统，加速了中国政府消除贫困的进程，为广大人民群众提供了优质教育和基础的医疗服务，为宏大的基础设施项目注入了资金，同时将税收保持在一个适度的水平。人们工作十分努力，又能体面而有尊严地生活，每个人都渴望实现“中国梦”。

经过 41 年的急速发展和大规模增长，如今的中国是一个井然有序、和平相处，充满活力和创新的和谐社会。即便是完全的陌生人，人们对彼此也十分友好，尤其是对像我这样的外国友人，这里没有“他人”。

中国十分安全，即便是深夜独自一人走在大城市的街道上也让人觉得很安心。在拥挤的城市里，绿地和美丽的大型公园弥补了高楼大厦视觉上的单调。当我观察每天为生活奔波的人们时，我都能感受到一种忙碌的满足感。还有一些小的触动，比如城市人行道上专门供盲人行走的盲道，凸起的条纹砖帮助引导他们避开危险，这也反映出政府对人民群众需求的体贴。西方媒体总是不断地报道一些坏消息、危机和灾难，这时常让我喘不过气来，而作为中国的常客，我反而能从中国的新闻中得到异常的解脱，因为新闻审查制度的存在，让我能在媒体所刊登的既乐观又鼓舞人心的故事中获取新的力量。

毫无疑问，中国也不是一个没有问题的完美国家。实际上，根本不可能有哪个人类社会是完美的量子社会。纵观整个人类历史，所有大国都有其阴暗的一面，即“阴”面。中国人有句话，“有阳必有阴”。衡量一个社会的实力及其政治模式成功与否，要看它给公民带来的好处是否超过他们可能遭遇的问题以及解决问题所需的变革程度。

正如前文所述，美国若想修复其民主破坏性的分裂，为全体人民服务，就必须进行一场彻底的社会革命和政治体制改革。在庞大而多样的现代社会中，建立在频繁的民众选举和时刻需要达成多党共识基础上的民主制度能否应对瞬息万变、不确定性、复杂性和大规模的挑战，能否应对不受限制的社交媒体，仍然是一个悬而未决的问题。

当中国解决关于自身的问题或不满时，它不需要进行社会革命或重大的政治体制改革。日益增长的财富将大大缩短工作时间，并改善工厂条件。对绝大多数中国人而言，中国一党领导多党合作的人民民主专政的政治形式是行之有效的，在应对 21 世纪的挑战时，它展现出了中国模式的智慧和效率。

究竟是民主模式辜负了美国，还是美国辜负了民主模式，我们还无定论。但根据以下几个角度来看，如中美过去 40 年来的表现，中国社会与美国社会的现状，中美应对未来挑战和机遇的潜能以及我自身的经验和观察，我相信相较美国民主模式而言，更专业高效的中国一党领导多党合作制模式产生了更加接近量子社会的东西。但是，由于中国模式的成功在很大程度上依赖于中国特色文化和中国人民的鲜明个性，所以它能否适用于中国以外的其他国家，我们还不得而知。量子物理学告诉我们，“唯一最佳的方式”是不存在的。或许当所有政治模式都以其最佳形式应用于实践时，量子社会便由此诞生了。

第 22 章

量子全球秩序

1969 年 7 月，“阿波罗号”飞船登陆月球，发回了月球视角的地球图像，我们第一次以一种未曾想象过的方式看待地球——一个脆弱的星球，孤独地悬浮在看似极为空旷的真空中，偌大的空间让我们和世界显得更为渺小与脆弱。地球在太阳的反射光下十分明亮，它被大气层包裹着，陆地和海洋清晰可见，这一景象也让我们意识到地球是多么宝贵。随着时间推移，新技术和交通的涌现强化了我们的认知：地球是渺小的，地球上的万物相互联系、相互依存。2020 年初，新冠肺炎疫情拉开了一场全球性流行病的序幕，大大降低了人民的生活水平，生命岌岌可危。这场危机十分有力地提醒了我们，我们生活在零距离的世界里，相互纠缠的生命是如此脆弱。由于我们没有应对这场全球危机的全球性措施，因此付出了惨痛的代价。

某些国家被打得措手不及，有些国家甚至为了让自己受益，在没有征求同盟国意见的情况下，草率地采取单边主义行动。特朗普政府以其强硬的“美国优先”政策，不论是国际合作方面还是国内疫情防控方面都表现得非常差劲，从而使每个人的处境都更加糟糕。面对危机，西方民主政府无法指望公民采取建议的集体行动。病毒失去了控制，导致数百万人死亡。

我在本书开篇就已经指出，当今世界面临的最严重的问题是需要全球合作的全球性问题。许多存在性问题如果没有得到解决，很可能会造成全球性灾难，甚至是人类灭绝。如果国际社会始终贯彻“不作为”“不合作”的原则，那么此次新冠肺炎疫情的灾难性后果便是后续气候变化、大规模移徙、核战争等问题的先兆。我相信这些失败迫使我们认识到一个事实：当下所谓的“全球社区”尚未建立。

我们的领导人始终在谈论“构建全球秩序”，但这些话的含义源于一种范式，即每个国家都是独立的主权实体，是诸多独立国家中的一个。国家之间通过国界线划分领土范围，通过冲突、对抗和竞争的力量相互联系，它们只着眼于自身利益。这种牛顿式范式起源于古希腊逻辑和一神论，在当今的牛顿式世界中，“世界秩序”指的是由一个渴望最终主导世界的超级大国及其所主宰的诸多国家构建。因此，当拜登总统承诺恢复“西方世界秩序”时，其本意是构建一个由美国力量和美国价值观主导的世界，他真正的愿望是，世界秩序即西方世界秩序，或者至少是以美国为首的西方世界主导的世界秩序。显然，这是不合时宜的，此类愿景根本无法站得住脚。

正如中国的一党领导多党合作制模式为民主模式提供了又一选择，中国国家主席习近平也为全球治理贡献了中国智慧和中国方案。过去的两三年中，习主席的几乎每一次外交政策演讲都在推广中国提出的全球新秩序愿景，即世界是一个合作且多极化的“人类命运共同体”。然而，许多西方领导人质疑中国政府的诚意，他们认为这只是中国意图称霸全球的煽惑性幌子。一些美国记者认为，中国古代的“天下”哲学理念就是最好的证明，他们将其渲染为“中国渴望取代美国成为世界上最伟大的超级大国，并统治地球上的所有国家”。我认为，中国政府的描述正是我眼中“量子全球秩序”的完美概括，而一旦我们追溯中国“天下”政治哲学的真正起源和含义，我们就能相信中国政府的确别无他意。

人类命运共同体

在中国商朝统治时期（约公元前 1600– 约公元前 1046 年），周虽小邦，却奇迹般地打败了商纣王的兵马大邦。此时，周已经是中原之主，统治中原大部分区域，但起义、叛乱多发。周武王意识到自己不够强大，无法用武力维护统治，于是便设计出一种全新的统治模式——“天下”。不同于强权统治，周政权将自己置身于诸多合作邦国构成的世界体系之中，而体系中的众多邦国也发现，与其寻求统治地位，不如与其他邦国进行合作更符合自身利益。因为该邦国体系覆盖了当时人们认知范围内的世界，所以可以说“天下”是第一个全球治理模式。用量子术语来说，这是一种范式的转变：起初，每个邦国或要素之间是相互孤立的，它们通过对抗力量和旨在操纵对方的控制相互联系；之后则是通过互惠共赢的关系相互联系，共同发展成长，使得整体大于部分之和。

“天下”是中国长期以来倡导的互利共赢以及多边主义的哲学根源，也是“量子全球秩序”已知的最早的先驱。量子现实的基本构成要素量子波函数是多重潜力的叠加，新的量子思维和量子世界观的一大主题便是拥抱多样性，人单合一管理模式的主要优势则是对组织结构多样性的体现。量子组织是由多个小微团队或小微企业组成的协调网络，它们能够同时探索多种选择或策略，从而赋予量子组织许多未来的方向。实施人单合一模式的公司具有巨大的创新优势，这在量子全球秩序中可以得到体现。全球秩序不再是“最伟大或最好”的统治，而是由多个互利共赢的卓越中心构成的合作网络。

如果所有国家或大国集团都能达成共识，认为国家之间建立合作、共同创造互利共赢的未来会更加有利，那么就没有国家会再谋求成为世界主导力量，世界也不会再有冲突或战争。正如习主席在2020年11月的一次讲话[①]中呼吁构建“人类命运共同体”所述：“古人云：‘察势者明，趋势者智。’人类生活在同一个地球村，各国利益休戚与共、命运紧密相连。各国人民对美好生活的向往更加强烈，和平、发展、合作、共赢的时代潮流不可阻挡。历史已经并将继续证明，睦邻友好必将超越以邻为壑，互利合作必将取代零和博弈，多边主义必将战胜单边主义。”

毫无疑问，中国和世界都将成为多边主义合作的受益者。天下体系及其哲学理念是中国“一带一路”宏大倡议的基础，这与欧盟成立时所实行的治理模式十分相似，二者皆为人单合一管理模式创造的量子全球秩序之先驱。正如海尔为企业实施量子管理的人单合一模式，在“一带一路”成员国和欧盟中，每个成员国均保有国家主权，采取自组织的管理模式，同时与生态系统中的各国建立合作关系，“放之四海而皆准”的模式将不复存在。

海尔的高级管理层和服务平台网络提供了中央操作系统，系统为员工提供了必要资源，指明了共同的发展方向。针对“一带一路”倡议，中国也正为沿线国家的发展“添动力、促联系”，联结所有参与国的基础工程建设，并在它们需要时提供必要的支持。在欧盟的大本营布鲁塞尔，许多官僚组织和机构，如欧洲中央银行、欧盟委员会和欧洲法院均提供了类似的中央操作系统。为了成功构建“量子全球秩序”，所有国

① 习近平在上海合作组织成员国元首理事会第二十次会议上的讲话。——译者注

家或大国集团必须在全球范围内实现类似于布鲁塞尔的设计。诸如世界银行、国际货币基金组织、世界卫生组织和联合国教科文组织等提供国际服务平台的全球性机构已经存在，但仍可以根据需要建立其他机构。目前构建量子全球秩序的主要挑战是西方国家（尤其是美国）能否采用量子范式，重塑自己的“唯一最佳法则”（牛顿式思维模式）。

当今世界各国已经到了生死存亡的境地，正如亚伯拉罕·林肯在葛底斯堡的演说：“团结，我们屹立不倒；分裂，我们必将跌倒。”脆弱而互联的 21 世纪是一个量子现实，是被牛顿物理学错误描述的现实。对于当今社会而言，牛顿式原子和牛顿式超级大国的认知早已过时，它们是十分危险的错觉。构建量子全球秩序，在量子社会中共同生活，这并不是遥不可及的理想，这是宇宙真理和自然法则存在之必然性。

结论
量子世界观

这是一本关于新型量子范式的书，这种范式逐渐开始显现，并重新塑造身处 21 世纪的我们的生活、工作以及领导力。科学家告诉我们，我们生活在一个量子世界中，周围所看到的一切以及人类的一切都是量子。我们是生活在量子世界中的量子人，由量子技术驱动和联系，我们的身体是量子的，思想是量子的，周围的一切都是量子的。对宇宙以及一切新型量子的理解告诉我们，用先前陈旧的牛顿式思维来理解我们及世界的运作，完全是一种建立在幻觉上的、过度简化的、脱离实际事物存在方式的粗略理解。

任何新范式的理解都会催生出一种新的世界观，即一种新的、总体性的但又无意识的对于世界的理解，如我们的生活如何融入事物的整体，我们的生活意味着什么，我们该如何举止得当，我们该向往什么，我们该期待什么，等等。我们的世界观是我们生活的总体背景框架，它关乎生活本身，它为我们的生活提供了一个主题，并赋予了它们相干性，将我们经历的个人、社会和精神维度统一起来。尽管当危机来临时，我们会不时地停下来质疑其中特定的某些方面，质疑我们先前持有的生命团结一致的信念，但很少有人可以再退一步，尝试去描述并质疑我们整体的世界观。因为我们早已理所当然地认为，这就是事物该有的样子，这就是我们所知道的世界和生活，这就是“城里唯一的游戏”。

只有在历史极为罕见的时刻，由于灾难的累积以及迫在眉睫的危机感，许多人才会开始告诉自己，并在之后与他人达成共识：“这一套旧范式再也行不通了，这场人生游戏再也玩不下去了，这个脚本不再有意义了。”于是我们大声疾呼，要求一座全新的大厦，彻底重建我们的思想与信仰，为新的世界观做好准备。当这样的准备伴随着一种新的预言、一种新的教导或者一种新的发现时，它暗示了一种截然不同的构建方式，新的世界观会取代穷尽的世界观。正如我在这本书的开头就指出的当在 21 世纪摸索前进时，我们已经到达了这样的一个转折点。

在 19 世纪末，德国哲学家尼采宣布“上帝已死”。尼采真正想表达的是以上帝为代表的引导西方世界社会道德的标准框架已经穷尽。在那 20 年后，整个世界陷入了一场鲜血淋漓的战争中，这场战争使得 20 世纪成为灾难性崩溃和世界末日的世纪，威廉·巴特勒·叶芝（William Butler Yeats）在诗作《基督再临》的开场白中为尼采的这句话增添了几分自己的声音：“在向外扩张的旋体上旋转呀旋转，猎鹰再也听不见主人的呼唤。一切都四散了，再也保不住中心……”到那时为止，统治西方世界数千年的犹太基督教世界观在很大程度上已经被牛顿科学及其机械世界观所取代，伴随着 20 世纪政治、精神、社会机制上的缺陷，其中包括个人的疏离感、孤独感，政治的分裂和持续的战争，它不再能为人类的生存或人类道德的框架提供任何空间或意义，它对自然世界的亵渎也是十分明显的。这些仍然困扰着 21 世纪初的我们，但与此同时，正如我们在这本书中所看到的，新世纪也见证了一些崭新的和非常不同的东西出现，那是对一种更好方式的期望。

此前，我描述了量子物理学及其相关哲学发现所带来的新型生活方式、工作方式和领导方式。一直以来，我也在概述自我的量子愿景、量子社会和商业愿景，以及新的量子世界秩序等特征，这些实际上构成了一种新的量子世界观，它将改变我们看待我们自己、我们的关系、我们的工作和我们共同生活的方式，也将改变我们生活的意义以及我们所付出的一切的意义。但是在这里，我想将所有这些结合在一起，作为一个连贯的故事，为生命中五个最古老的问题提供新的量子答案，从而奠定量子世界观的基础。这五个问题始终贯穿人类历史长河之中，即“我们从哪里来”“我是谁”“我为什么会在这里”“我该做什么”“我死后要到哪里去”。

我们从哪里来

量子物理学告诉我们，宇宙始于约 140 亿年前一个致密炙热“奇点”的突然爆炸，大爆炸后最初形成的是科学家们所谓的“量子真空”。量子真空是一片静止的能量海域或能量场，它被认为是一种遍布整个宇宙的力量，它不在“这儿”，也不在“那儿”，但实际上无处不在，它在我们体内，它在我们体外。正是这种力量使宇宙得以存在和运转，它是一切事物存在的基础。若在量子物理学中寻找“上帝”，那这“上帝”便是量子真空，“上帝”不是人，不是男人或女人；相反，“上帝”是能量及所有能量的来源。“上帝”是一种作用于整个宇宙的力量，一种作用于你我以及存在的一切的力量。这便是宇宙之道。

量子真空是一个能量场，整个宇宙以及其中的一切，包括你和我都是由能量组成的。存在的一切事物，包括草、树、桌椅、你和我，包括公司在内的所有的社会结构都是“量子真空”下的动能模式。如果真空是宇宙的能量海域，那我们便是真空海域里荡起的波浪。当我们触摸我们的身体时，虽外部摸起来是坚固的，但这是一种幻觉。我们的身体实际上是一种能量模式，暂时性地聚集物质原子并塑造其状。当我们到了七八岁时，体内没有一个原子与我们刚出生时是一样的了，因为七八年之内，我们体内的每个原子不断地在能量模式中传递，然后再次向外发射。随着年龄的增长，能量模式保持不变，不断地聚集和发射新的原子。

从某种意义上说，“量子真空”这个命名十分糟糕。一提到“真空”，我们就会联想到空的东西，如保温瓶。但量子真空并非空的；相反，它是被充满的，它充满了曾经、现在以及将来的一切可能性（潜力）。140亿年前，当真空形成的时候，你和我都作为各式各样的潜力存在其中。因此，无论我们自嘲多么年老，实际上，我们每个人都存活了140亿岁。在浩瀚无垠的宇宙演化历史长河中，我们一直都在；当空间、时间和引力形成时，我们一直都在；当第一批炽热的气体形成时，当炽热的气体形成恒星，恒星形成行星，行星孕育生命时，我们一直都在。因此，你和我都拥有整个宇宙的历史，我们的身体由星尘组成，我们的思想遵循着维系整个宇宙的同样的法则和力量。

我们的身体和大脑也拥有地球上整个生命的历史，整个生物进化的历史。我们原始前脑的情感和本能与老鼠、仓鼠等低等哺乳动物相同，组成我们高级大脑的大脑半球与高级哺乳动物相同，我们拥有狮子的心和狼的攻击性。由于98%的人体基因与黑猩猩相同，所以只有剩余2%的部分是人类的部分，但我们的行为、感受和思考却受到100%的控制，我们将其称为“人性”！事实上，真正的“人性”是我们未曾实现的东西，是我们可以渴望和为之努力的东西。

我是谁

在量子宇宙中，一切都具有“粒子”和“波”两种属性。我们作为独特的个体而言，是“粒子”；作为量子能量海域上的动能模式而言，是“波”，与其他“波”相互重叠。具备“波”属性的“自我”是由所有与我相关的人和事组成的“我”，而具备“粒子”属性的“我”是我们作为个体所拥有的区别于他人的特征，像棕色、红色或是金色的头发，棕色或是蓝色的眼睛，是一个男人或是女人，是一个矮个子或是高个子，拥有基因遗传的聪明才智，等等。你之所以是你，是因为你的家人、朋友和同事，你成长的特定社区和国家，你的语言以及你工作的环境。倘若你在一个不同的地方长大，有不同的朋友，你就会是一个不同的你。

我们就是我们的关系。在量子物理学中，我们了解到关系造就现实，是你的人际关系使你成为“你”，我成为“我”。

事实上，在量子宇宙中，每一件事和每一个人无时无刻不处在关系之中。我们的“波”会与其他事物的“波”相互重叠，“我”就是“你”，“你”就是“我”。量子世界里不存在所谓的“分离”，分离是一种幻觉。我们生活在量子科学家所说的“纠缠”宇宙中，在那里，没有人是一座孤岛，万物相互连接且相互影响，造就了一个零距离的世界。当我打响指时，宇宙另一边也可以感觉到；当我说谎或做坏事时，便会向宇宙释放负能量；当我微笑，当我帮助他人并心存善意时，宇宙便会接收到来自我的正能量。

量子物理学告诉我们，“你”和“我”是世界的创造者。量子科学中有一个十分重要的原理——海森堡不确定性原理。它认为宇宙是一个充满无限潜力的海洋，但只有其中的一部分会成为现实，就像我们在日常生活中看到的事物一样。而何种潜力会变成现实取决于我们自己。当你提出一个问题，做一个实验或者做一个决策时，如同你把一桶水扔进拥有无限“潜力”的海洋里，然后提起一桶“现实”。我们提出的问题决定了我们获得的答案，问题越多，了解到的也就越多，我们永远不可能问完所有的问题，世上也没有愚蠢的问题。问题创造答案，创造现实。

我们的问题，我们的决定，我们所建立的事物和关系，我们做的好事或坏事，所有的这些造就了这个世界。正如人单合一管理模式所揭示的，每个人都在创造自己的价值。换句话说，我们要对世界负责。如果这个世界充满错误，一片狼藉，那是因为我们在犯错误，活得一团糟糕。量子物理学教导我们，如果想要世界变得更美好，你就必须开始成为一个更好的人；如果想要世界变得友善，你就必须开始变得友善；如果你想要世界摆脱战争，你就必须摆脱愤怒和仇恨；如果你想要世界容纳各式各样的人，你的心中也要有容纳他们的空间。

正如我们创造了世界，我们也创造了自己。就像宇宙本身一样，人类大脑和人类自我也是一片无限潜力的海域。当你出生时，大脑中有数万亿个神经元（脑细胞），但其中只有少数是连接在一起的。神经元之间的连接（“线路”）赋予了大脑许多不同的能力，刚刚出生时，你的神经连接刚好足以使你的大脑控制你最基本的身体生存功能，如呼吸、心跳、吮吸和调节体温的能力，等等。随后你不断成长、学习和经历，会建立更多的神经连接。在生命中的第一年里，你会以前所未有的速度建立神经连接，而且无论你多大，即使你活到 110 岁，你也永远不会失去建立更多神经连接和重塑大脑的能力，不会失去使大脑更聪明的能力。只要你不断地探索、学习，不断地获得新体验，不断地挑战自己，你的大脑就会持续成长。

我们的自我也可以在一生中发展出许多可能的自我人格和表现形式。在量子物理学中，自我是一种“波”，有许多可能的表达方式。你所建立的每一段关系，你所经历的每一件事，你所学习的每一样东西，你所做的每一份工作都可能创造出另一个“你”，另一种生活方式。俗话说“一人千面”。但是你不必担心你会将自我分散到太多方向，或者变得精神分裂，因为在量子世界里，万物互联，许多子自我可以汇合起来成为一个丰富多面且幸福满足的我，即“量子自我”。量子自我如同一个具有众多声音的唱诗班，所有的声音都曲调相和。加入唱诗班的声音越多，你的音乐就会越丰富，越动听。

我们有可能是好人，但同时也可能是坏人。宇宙中包含着一种“好”势力（相干性），总是在建立更好的关系，创造更多的信息。宇宙中也包含着一种“坏”势力（熵），总是在破坏关系，推倒已经建立起来的东西。我们的自我也包含着“善”和“恶”的可能性，我们每个人都可以善良、体贴，富有爱心，但我们也可以刻薄、嫉妒、自私，充满愤怒和仇恨。我们可以帮助别人，也可以伤害别人。我们可以选择成为什么样的人，而在选择的同时，我们也选择了自己所创造的世界。我们要对自己负责，更要对世界负责。

我为什么会在这里

此前有一个关于“圣器”的古老的犹太传说认为，在我们的世界之前存在着一个世界，它具备神性，形如一个“圣器”。这个容器收集光，直到有一天光溢满了整个容器，容器“啪”地一下粉碎了，容器的碎片及火花像雨点一样散落在我们的世界中。据说这种散发神圣光芒的火花寄居在每个人身上，而人类的职责就是聚集火花以恢复原始容器的统一，恢复神性的统一。讲述这个传说的拉比[①]说，我们聚集火花的方式就是建立爱的关系。当我们的世界因爱而团结在一起时，“上帝”将被治愈，最初的“上帝”将得到恢复。

在物理学中，大多数宇宙学家也持有这一观点，他们认为在我们的宇宙形成之前存在着一个宇宙，在量子真空之前也存在着一个真空。最初的真空收缩伴随着我们的宇宙在某一时刻坍缩成一个单一的光点，然后爆炸形成了创造出我们的宇宙大爆炸，爆炸的碎片散落在整个宇宙中。因此，这种说法实际上是十分正确的，宇宙是有目的的，宇宙总是朝着更复杂化、信息化的方向发展，而复杂和信息本质上都是由关系构成的，因此宇宙的本质驱动力就是建立更多的关系。毫无疑问，爱是所有关系中最为纯粹的。

“大爆炸的碎片散落在整个宇宙中”这个说法就是要我们认识到在每个人身上都有这样的碎片。正如我之前所说的，我们的身体是由星尘、恒星的碎片和光的碎片组成的。自我，即“我”，是一种在量子真空中波动的能量模式。真空之于个人，正如海洋之于“波”一样。这就是照亮人类灵魂的本质。

我经常前往尼泊尔拜访，在尼泊尔有一种问候方式——“纳玛斯代”（Namaste）。当每次见到某人时，要用“纳玛斯代”问候，而不是用“Hello”或“你好”。一次，我问一位尼泊尔朋友“纳玛斯代”的意思，他解释说“纳玛斯代”就是致敬你内在的上帝，致敬你内在的神性，致敬你内在的真空。想象一下，当我们真正可以认识并问候彼此身上的上帝或神性时，这个世界将会变成什么样的。世上不再有“陌生人”，不再有“别人”，不再有仇恨，不再有战争，不再有“我的”和“你的”，

① 拉比：犹太教用语，是对有学识的人的尊称。——译者注

或“我”和“你”。世上只有“我们”，所有人都是平等的，所有神圣的光的碎片都有能力为这个世界带来一分光。

当我在演讲中谈到这一点时，人们总是不可避免地说：“但你不可能爱所有人，有些人是恶魔，有些人是怪物。”但正因为我们每个人都是量子人，所以我们拥有所有的潜力，有好有坏，有善有恶，我随时可能成为这些怪物中的一员，同理，你也是。每一个怪物都有人性或光的一面，而每一个人也都有怪物的一面。没有人能够评判别人，肆意将他人逐出我们的群体，逐出人类。我们可能重蹈他们的覆辙，但至少我们应该有勇气面对自己内心的想法，承认我们曾动过做坏事的念头，甚至是诱惑。然后，我们也许可以用同情甚至是爱来取代对自己和他人的评判。

爱他人，在他们最坏的地方也能看到神圣的光芒，这是服务他人最强大的方式。我们也在这里服务于宇宙，服务于推动宇宙展现并产生于量子真空中的所有无限潜力的力量。我们已经看到，我们每个人都创造了这个世界，我们每个人都有能力把潜力变为现实。从这个意义上说，每个人都是真空的员工，是上帝心中的一种思想，或是不断变化中的“道”的运动。正如量子公司的领袖一样，真空扮演着员工领袖的角色，使我们充满活力与动力。反过来，我们可以利用它为地球的社区服务。正如道教中著名的三清，我们每个人都是天地之间，真空与我们实现的潜力之间的沟通桥梁。

我们在这里是为了“思考”。思考意味着观察和赋予事物意义，它提出深刻的问题，想象不存在的事物，看到别人不曾看到过的事物和思想之间的关系，从一朵花或一种形式下看到别人未曾发现的事物。思考也意味着学习、梦想、创造和渴望使你的生活变得更有意义。我们每个人都竭尽所能，最大限度地服务于这个真空，最好地服务于宇宙中隐藏的潜力。

地球上没有两个完全相同的大脑，即使你是同卵双胞胎，你的双胞胎兄弟姐妹的基因和你完全一样，但你的大脑也是独一无二的。我们的大脑是由我们个人的关系、想法和经历通过神经“连接”起来的。因此，我们每个人不仅是量子真空海域上的一层波，是真空在现实水平上表达自己的一种方式，更是真空的独一无二的表达。只有你自己才能为这个世界做出属于你的贡献，只有你自己才能把宇宙的各种潜力变成属于你的现实。没有不重要的人，没有隐形人。我们每个人都是独一无二的，每个人都是至关重要的。只有这样，宇宙的未来画卷才能慢慢展开。只有我可以创造出属于我的部分，只有你可以创造出属于你的部分，如此才形成了这个世界。

我该做什么

那么，每个人能做些什么来创造一个更美好的世界，让此刻以及未来的世界比我们刚诞生时的世界更好呢？其实，你不必成为特蕾莎修女或者纳尔逊·曼德拉那样的人物，你也可以发挥积极的作用。无论你是谁，无论你在生活中扮演着什么角色，通过一些小事情，比如一个微笑、一个善举、一个同情或宽恕的举动，或一份小礼物，你都有能力给他人的生活带去爱和幸福。所有这些简单的事情都会让世界变得更美好。

我们都知道，垃圾和污染让我们的星球处于极大的危险之中。也许你是一个领导者，有能力让石油公司停止钻探或是让工厂停止燃烧煤炭，但如果你不是，那么你仍然可以种下一棵树，回收你的物品并将其给予有需要的人。也许你是一名领导者，可以清理所有使我们的城市和街道变得肮脏并毒化土地和水源的垃圾；如果你不是，那么你仍然可以做到不将垃圾扔出车窗或者扔在街上。事情虽小，但往往会大有作为。

记住，倘若世界要变得更美好，我必须成为一个更好的人。倘若世界要有更多的智慧，我必须成为一个更智慧的人。我必须意识到能够阅读、探索和学习是多么难得的天赋，我必须抓住每一个机会去阅读和体验，开阔我的眼界，为消除无知、偏见和狭隘贡献自己的一分力量。我必须培养我的品格。

人们说，许多人不再信仰宗教了，所以我们渐渐不知道如何成为好人，不知道处事规则是什么了。我们并不需要一个把规则写在石碑上的上帝，也可以分辨自己的善良与残忍，慷慨与自私，爱与恨。宇宙的道德方向在每个人的心中，不断展现的量子真空也在每个人的心中，一束“光芒”像指南针般自然地引导我们走向正确的方向。这就是我们所谓的良知或“感应”，对“道”及其方法的直觉。这取决于我们每个人是否有一种品格或意志敢于去做我们的良心想让我们去做的事情。塑造这种品格或强化这种意志是一项持久的工程，是终生的“精神实践”。

我要到哪里去

大多数人在五岁时就会意识到人终有一死的结局，总有一天，我们也会死去。对于我们自身有限的认识，对于我们及所爱之人生命有限的认识，为我们的存在又增加了一层悲剧的维度。对有些人来说，这可能会是恐惧或绝望的原因，他们发出这样的感慨——生活的终极意义是没有意义。但当我们充分理解到量子宇宙的本质是我们始终是量子宇宙的一部分时，当前生命有限的事实反而可以促进关于焦点、目的和意义的思考。

宇宙中存在的每一个事物，都是蕴含无限潜力的潜在波函数独特的有限激发或表现。有限激发仅存在于有限的时间内（保持其相干性），它们“来来回回”地与围环境对话，但它们的潜在波函数在量子真空背景下的宇宙能量海域中以更大的能量模式保持着自身的相干性。正如我们所看到的，这些波函数是真空中的永恒潜力，由真空本身的形成所致。就人类而言，我把暂时显现出来的自我称为“自我”，把永恒波函数式的自我称为“量子自我”。

在我目前生活的生命中，我潜在的量子自我已经以一种特殊的自我能量模式呈现出它的诸多可能性之一。这种由组成我身体的原子充实而成的有限模式，就是我所知道的“我”。当我的身体最终死亡时，能量模式的所有“死亡”都是其暂时的物质形式。就像一波回海的浪潮一样，“我”也回到了潜在的量子自我和量子真空中，并作为潜在未来的“我”的载体而继续存在。随后，环境中的某种事物将会激发潜在的载波，使其呈现出一种新的形态重现在世界上，成为另一种在海上可见的“能量模式”，也就是另一个“我”。这种新的自我可能表现为性别的转换，“我”可能是中国人而不是英国人，我甚至可能像印度教徒和佛教徒所信奉的，来生会成为一个动物或一棵树。但是我本质的、潜在的、永恒的量子自我不会消失，它会出现在我新的身体之中。正如印度的《薄伽梵歌》中所说：“自我没有诞生，自我没有死亡。自我是永恒的。”

在量子世界中，没有所谓的死亡，只有一系列新的生命和存在的循环，每一个生命在回到量子海域之前，都要活出自己的故事和人生。正如量子物理学教导我们的，过去和未来都与当前的“现在”纠缠在一起，这些新的“我”将与所有曾经的“我”和未来将成为“我”的物质化身纠缠在一起。我现在的生活既可以回溯以影响过去，也可以向前延伸去影响未来，这就是对于古代“因果报应”的量子解释。在零距离量子宇宙中，现在的每一个“我”都与所有其他的“我”以及所有存在的其他事物纠缠在一起，所以我自己目前的存在是地球上这个世界不断发展的现实的一部分，也是正在演变的宇宙本身的一部分。就像本书第 9 章引用的诗中的“音乐创作者”一样，我也在“即将来临的新量子时代”扮演着自己的角色。我的每一个生命都是正在消亡或即将诞生的梦想。我的梦想越伟大，我所创造的世界就越伟大，我领导的公司或组织就越伟大。

总而言之，量子世界观强调动态关系是一切的基础和联系。它告诉我们，通过思想和身体，自身和物质世界，人类组织和自然世界之间共创性的对话，世界就是在我们创造自己的过程中形成的。它让我们认为自己是自由且负责的人，能够对他人和环境做出敏捷的反应。所有的一切本质上都相互联系，时刻具有创造性。我们只需要实现自身潜力，这是任何遵循量子管理原则的组织结构承诺给予我们作为雇员和公民的机会。

Zero Distance: A New Paradigm for Living, Working, and Leading in the Quantum Age